Das grüne Leben als Bewohner von Gaia muss keineswegs etwas mit grämlichem Puritanismus zu tun haben. Wenn wir uns als Teil eines gigantischen Organismus verstehen oder sogar als Ursache seines Bauchwehs, dann finden wir vielleicht zu einer Lebensweise auf Gaia, die angemessen und gesund ist.

James Lovelock

Das Buch

Nur wenige Heilige und Genies wussten bis heute um das größte Tabu-Thema der Menschheit: um die Leidenschaft als Essenz des Lebens. Unbewusst und meist vergeblich laufen wir alle dem magischen Kuss nach, den Mutter Erde ihren Kindern anbietet. Wir können gar nicht genug Liebe, Lust und Freude bekommen. Dass diese höchsten aller Gaia-Vibrations nach den Regeln eines ganz besonderen Lebendigkeitsfaktors funktionieren, ahnen die wenigsten. Denn noch immer gehen wir achtlos an der wichtigsten Frage unseres Lebens vorbei: an der, wie wir uns die besten Energien für alle Lebenslagen besorgen können. Dabei sagt schon Gaias erstes Gebot: Nur Lebendigkeit zieht Lebendigkeit an.

Die Autorin

Margarita Arminger beschäftigte sich in Büchern wie „Das Innere Kind" oder „Der Sexte Sinn" mit psychologischen und esoterischen Themen. Seit zwei Werken über Maria Magdalena ist sie jedoch davon überzeugt, dass wir die Lösung vieler unserer Probleme weder von einem weit entfernten Himmel noch von einem kopflastigen Denken erwarten können. Der Schlüssel zum Paradies versteckt sich schlicht auf der Erde selbst.

Margarita Arminger

Magical Gaia Vibes

Der Masterplan der Erde für die Menschen

2014 tao.de in J.Kamphausen Mediengruppe GmbH, Bielefeld

1.Auflage 2014

Autor: Margarita Arminger
Umschlaggestaltung:: M. Arminger unter Verwendung einer Vorlage von „Avanquest Web Easy Prof. 8"

Verlag: tao.de in J.Kamphausen Mediengruppe GmbH

ISBN: 978-3-95529-324-6
Printed in Germany

Bibliografische Information der Deutschen Nationalbibliothek:
Die Deutsche Nationalbibliothek verzeichnet diese Publikation in der Deutschen Nationalbibliografie; detaillierte bibliografische Daten sind im Internet über http://dnb.d-nb.de abrufbar.

Inhaltsverzeichnis

Vorwort

In irgendeiner Form hat sich in den letzten Jahren fast jeder mit psychologischen und esoterischen Themen befasst, die versprachen, neue Menschen aus uns zu machen. Wie seit tausenden von Jahren üblich, erwarteten wir dabei Hilfe von „Oben". Von einem weit entfernten Himmel oder zumindest von einem ziemlich kopflastigen Denken.

Selten kamen wir dabei darauf, den Spieß umzudrehen: Zur Abwechslung einmal zu fragen, ob auch das „Unten" uns etwas zu sagen hat.

Dabei wussten die Weisesten der Weisen schon immer von dem vielleicht tiefsten Geheimnis dieser Welt: dem alles bestimmenden Lebendigkeitsfaktor der Erde. So lässt schon das berühmte magische Gesetz des Hermes Trismegistos das „Oben" nur so gut wie das „Unten" sein und das „Unten" nur so gut wie das „Oben".

Die Hohe Magie auch in den Alltag zu übersiedeln, dafür scheint jedoch erst heute die Zeit reif zu sein. Kleidet man nämlich die uralten Worte in eine moderne Sprache, so kann Utopia, die Vision von einem neuen Menschen nur so gut sein wie Ökotopia, die Vision von einer heilen Umwelt. Und neue Menschen wiederum können nur so glücklich und genial sein wie es ihre persönliche Vergangenheit als Kinder dieser Erde ist.

Auch dies hört sich kopflastig an. Aber die Magie, die hinter diesem ebenso einfachen wie komplizierten Mysterium steckt, ist gewaltig. Hoffnung kommt nämlich von beiden Seiten: von der *power* dieses Planeten und von einem Himmel, der uns schon seit geraumer Zeit zuflüstert, dass es Zeit ist, unsere irdischen Wurzeln unter die Lupe zu nehmen.

Das beste Beispiel dafür ist die Idee von dem Inneren Kind in uns allen. Damit versuchen wir heute zu begreifen, wie sehr das Unbewusste bewusstes Leben formt. Wir wollen störende alte Verhaltensmuster auflösen und zu den Menschen werden, die wir uns erträumen.

Leider gelingt dies nur bis zu einem gewissen Grad. Irgendwann bleiben wir in den weiten Gefilden der Psychologie stecken.

So kam auch ich erst Jahre nach meinem Buch „ Das Innere Kind" und der Beschäftigung mit dem Thema darauf, dass wir noch einen letzten großen Schritt vor uns haben. Der Weg zu wirklichem Erfolg führt noch ein Stück weiter nach „Unten". Hinein in die Erde! Hinein in unseren Körper! Hin zum Herzen des Planeten selbst!

Wir wissen nämlich sehr wenig, ja beinahe gar nichts, solange wir nicht in das geheime Wirken von Gaia eingeweiht sind. Solange wir nicht erfahren, was sie eigentlich mit den „Erdlingen" vorhat. Die Folge ist ein bis heute unbekannter Knick in der Evolution. Überall dort, wo Natur und Kultur aufeinander treffen, kommt es zu keiner harmonischen Partnerschaft.

Dies lässt uns als halbe Menschen zurück. Und darum läuft auch im privaten wie im öffentlichen Bereich so viel schief.

Bevor wir die Erde retten, müssen wir also uns selbst retten. Schleunigst sollten wir uns dabei all das zurückholen, was die Gaia-*vibes* eigentlich für uns vorgesehen haben: Leidenschaft,

Freude, Liebe und jenes „Leben pur“, das auf der Skala des Lebendigkeitsfaktors ganz oben rangiert. Dazu jedoch müssen wir etwas entschlüsseln, was die ganze *power* des Planeten hinter sich hat: das letzte und eigentliche Rätsel der Menschheit, den faszinierenden und beinahe magisch anmutenden Meisterplan für ihre Entwicklung.

DER KUSS VON MUTTER ERDE

Haben Sie sich jemals gefragt, welche Kraft hinter Ihrem Leben steht? Welche Kraft Sie ernährt, Sie gesund oder krank macht, Sie in einem Augenblick die ganze Welt umarmen, im anderen wiederum verfluchen lässt?

Schon viele Antworten wurden darauf gegeben. Sie reichen von den verschiedensten Gottesvorstellungen bis hin zu den zahlreichen Modellen der Biologie und Psychologie. Manche sprechen von kosmischer Energie, von Lebenskraft, der Kraft des Tao, Chi oder von Prana.

Aber wie immer man diese Lebensenergien auch bezeichnen mag: es sind die genau auf uns abgestimmten Schwingungen des Planeten, es sind Gaia-*vibes*, die unsere Lebenseinstellung, die Qualität unseres Denkens, vor allem aber auch unseren Energielevel bestimmen.

Und trotzdem ist diese Gaia-*power* etwas Geheimnisvolles. Etwas, das den Menschen zwar umgibt, bis heute jedoch nur selten erkannt und benannt wurde.

Der ebenso selbstverständlichen wie mysteriösen Energie geht es wie Gaia selbst: für die alten Griechen war diese nicht nur eine Göttin, sondern vor allem "Mutter Erde". Dann zogen neue Götter, vor allem ein einziger großer Gott in die Geschichte ein und die Menschen machten sich die Erde untertan, machten aus der Mutter eine Sklavin.

Am Ende dieser Epoche blickte man vom Mond aus auf einen zerbrechlich scheinenden blauen Planeten und begann um das "Raumschiff Erde" zu zittern. Beinahe gleichzeitig stellte der britische Naturwissenschaftler James Lovelock jene berühmte Gaia

-These auf, die innerhalb der Wissenschaft für viel Aufregung sorgte, weil sie die Erde als ein lebendiges, hochkompliziertes System sah. Das berühmte Manifest von der gegenseitigen Abhängigkeit von der Erde und ihren Bewohnern ist seitdem vor allem dann in aller Munde, wenn Gefahr droht. Viel zu selten jedoch dann, wenn es um die Möglichkeiten jener Gaia-Energie geht, die Mutter Erde uns als Mitgift immer wieder mitgibt.

Dabei ist es die über das tägliche Brot hinaus viel zu wenig bekannte Gaia-Energie, der Kuss von Mutter Erde sozusagen, der die Dinge wieder nachhaltig ins Lot bringen könnte. Denn für jeden einzelnen von uns und für alle Generationen nach uns geht es heute um etwas Grundsätzliches: Wir müssen die Gesetze der Lebendigkeit kennen lernen, nach denen der Planet sich selbst organisiert. Vor allem aber auch die Gesetze, die für eine möglichst natürliche Entwicklung des Menschen von der Natur selbst vorgesehen sind. Genau das sind nämlich die Gesetze, nach denen wir funktionieren.

Was bietet sich dazu besser an, als jener Lebendigkeitsfaktor, den die Erde immer wieder schafft: In sich selbst, in ihren verschiedensten geografischen Gebieten, in allem was geschieht. Alles Irdische hat seine ganz besondere Form der Lebendigkeit. Jeder Mensch, jede Beziehung, jedes Meeting in Wirtschaft und Politik.

Darum brauchen wir beides: ein neues Gefühl für die ungeahnten Möglichkeiten dieser Erde ebenso wie für die Gefahren. Wie groß diese tatsächlich sind, ahnt man erst heute, in Zeiten, da wir alle von einem Bio-Schock ungeheuren Ausmaßes betroffen sind.

Rund um uns welkt vielerorts das Leben. Meere und Wälder beginnen zu sterben, der Schutzmantel von Gaia ist unweigerlich zerrissen. Nachdem wir zu lange auch die eindringlichsten Warnungen überhört haben, betrifft die Zerstörung der Atmosphäre und der Missbrauch von Pflanzen-und Tierwelt den Menschen heute so direkt, dass selbst die abgebrühtesten Ignoranten aufzuwachen beginnen. Wir spüren spät aber doch, dass eine kranke Erde auch uns krank macht. Während wir unsere Nahrungsmittel sehr viel genauer als je zuvor unter die Lupe nehmen, warten schon die nächsten Gefahren auf uns: neue Krankheiten und Seuchen. Der Schaden, den Elektrosmog anrichtet. Die bis heute nicht auslotbaren Folgen einer unhinterfragten Gen-Forschung. Und vor allem die bereits mörderischen Auswirkungen des Klima-Wandels.

Und zu guter Letzt, ganz so als ob eine schwelende Verletzung in eine gefährliche, rund um den Erdball wütende Seuche übergehen würde, die globale Wirtschaftskrise. Ein ökonomisches Desaster, bei dem man sich auch fragen muss, ob nicht die physischen Zustände dieses Planeten langsam auf die Psyche und letztlich auch auf das Denken des Menschen übergehen. Denn die Machenschaften in Politik und Wirtschaft erscheinen nur als das Tüpfelchen auf dem „I" eines weltweiten Betrugssystems, das allerorten das Leben verletzt und am Ende mordet.

Es ist nicht mehr zu leugnen: auf der menschlichen Reise auf diesem Planeten haben wir schwere Unfälle gebaut. Nicht nur selbstverschuldete Naturkatastrophen beweisen uns das - auch die Menschheit ist nahe am Kollaps angelangt. Der unhinterfragte Fortschritt erschöpft uns von Tag zu Tag mehr. Wie Marionetten arbeiten, hetzen, konsumieren wir. Ohne die geringste Ahnung davon zu haben, dass Leben sehr viel mehr sein kann als bloßes Überleben.

Genau dies nämlich versucht uns Gaia auf verschiedenste Weise immer wieder zu sagen. Wenn wir an die raren, dafür umso schöneren Höhepunkte in unserem Leben denken, kommen wir darauf, dass diese fast immer mit Gaia und ihrer Energie zu tun haben.

Wir erklimmen einen Berg, liegen irgendwo am Meer, sehen einem Sonnenuntergang zu oder machen einen Spaziergang durch einen Wald: Wie durch Zauberhand ist die Welt nicht nur plötzlich in Ordnung, sie scheint sogar zu strahlen. Und wir selbst fühlen uns *high*, so *high*, dass man manchmal meinen möchte, irgendjemand hat uns eine Prise Rauschgift ins gerade getrunkene Wasser eines Bergbaches geschmuggelt.

Dass es tatsächlich eine Art Rauschmittel ist, das uns so glücklich und rundherum *okay* macht, darauf kommen wir selten. Das älteste und gesündeste, das einfachste und ursprünglichste: Gaia-Energie pur - und dies in allen nur möglichen Varianten. Es ist nämlich nicht nur die frische Luft, die uns energetisch oftmals beinahe abheben lässt. Es sind die Lebensenergien in unserem Körper, die ganz plötzlich im Einklang sind. Dazu die Ausstrahlungen des Waldes oder des Meeres, die Höhe des Gipfels, das Singen der Vögel, die Farben der Blätter, der Wind...

Gaia-Energie ist vieles - vor allem aber ist sie vorerst die Quelle höchster Lebendigkeit. Dies schafft den Planeten als ein riesiges evolvierendes System.

Und wir schaffen dieses Spiel des Lebens wenn wir bei einem Gipfel-Erlebnis unsere Energien mit den Energien rund um uns verschmelzen lassen.

Allerdings gelingt uns dies viel zu selten. Zurück vom Berg, Strand oder Wald sehnen wir uns auch sofort wieder nach jenen Höhepunkten, jener Energie der Lebendigkeit, die wir oft nicht einmal benennen können. Eigentlich wurde sie bis heute auch noch nie definiert. Aber in Zeiten, in denen überall von besseren oder schlechteren "*vibes*", von Vibrationen von Menschen und Orten gesprochen wird, können wir vorerst einmal davon ausgehen, dass wir uns ganz einfach die besten Gaia-"*vibes*", die beste Gaia-Energie besorgt haben. Gleichzeitig müssen wir uns aber fragen, warum wir dies eigentlich nicht immer tun. Und tatsächlich ist dies heute die wichtigste Frage überhaupt.

Bevor wir uns auf die Suche nach neuen Rezepten für uns und für den Planeten machen, müssen wir erst einmal herausfinden, warum unsere Beziehung zu diesem so problematisch geworden ist. Die Antwort darauf ist ebenso simpel wie kompliziert: Wir denken so schlecht für und mit der Erde, weil wir für sie nichts empfinden. Und empfinden können wir deswegen nichts, weil es irgendwo tief in unserem Inneren einen Bruch gibt. Eine ganz besondere Bruchstelle jener Lebendigkeit, die Mütterchen Erde eigentlich für uns vorgesehen hätte.

Schon seit geraumer Zeit vermuten Wissenschaftler, dass mit dem Fühlen und Denken des Menschen deswegen etwas schiefgelaufen ist, weil es diesen bisher unbekannten Knick in der Evolution gibt. Heute ist es höchst an der Zeit, endlich Konsequenzen aus dieser für die menschliche Gesellschaft so wichtigen wissenschaftlichen Erkenntnis zu ziehen. Wir alle könnten nämlich um einiges glücklicher und genialer sein! Wir könnten die tollsten Freunde und größtmöglichen Erfolge anziehen, wenn wir den Meisterplan verstehen würden, den sich die Natur für unsere Intelligenz ausgedacht hat.

Aber dazu müssten wir endlich einmal innehalten und genau hinsehen, wie sehr Gaia in allen Bereichen mit uns verbunden ist. Denn der Planet spendet uns nicht nur die Energie, die wir brauchen, er ist nach denselben Prinzipien organisiert, er reagiert genauso wie wir. Seine Flüsse gleichen unserem Blutsystem, der Erdmantel und seine Gewächse ähneln unserer Haut.

Die Krankheiten der Erde lassen sich mit den menschlichen Krankheiten vergleichen. Und wie es aussieht, soll all diese natürliche Intelligenz vom Menschen ergänzt werden. Harmonisch und ohne allzu große Störung könnten dabei Körperdenken und das Eins-Sein mit der Natur im Kleinkindalter in das Denken der Gefühle übergehen.

Erst wenn das Kind die Natur und ein reiches Gefühlsleben voll ausgekostet hat, wäre jene abstrakte Logik an der Reihe, die die natürliche Entwicklung auf diesem Planeten krönen könnte.

Leib, Seele und Geist sollen sich zu jenem ganzen Menschen verbinden, der fühlend denkt und denkend fühlt. Dieser Plan, den der genetische Code durch genaue Eiweißschübe im Gehirn unterstützt, wird jedoch in unserer Kindheit massiv gestört.

Wer ist nicht als Dreijährige oder Dreijähriger von Kopf bis Fuß schmutzig aber total glücklich vom Spielen mit der Erde zurückgekehrt? Und wer war damals nicht der böse Schmutzfink? Machen Sie eine kleine Pause, denken und fühlen Sie sich in diese Zeit zurück! Schlagartig wird Ihnen klar werden, dass der "Schmutzfink" nur ein kleines Beispiel für die vielen Methoden ist, mit denen uns mit bestem Gewissen die Natur entfremdet wird. Bei allzu vielen von uns gab es nicht einmal etwas zu entfremden: Zwischen Hochhäusern und in Betonschluchten aufgewachsen, lernen viele Menschen nicht das kleinste Gefühl für Mütterchen Erde kennen. Genau diese Beziehungslosigkeit aber schafft eine Art "Die-Erde-ist-schlecht-Programm" und dieses Programm macht uns heute zu unfreiwilligen Selbstzerstörern und ziemlich unlebendigen Menschen.

LEBENS-KÜNSTLER NUTZEN DEN LEBENDIGKEITS-FAKTOR

Die Mitgift, die wir von Mutter Erde mitbekommen haben, ist vielfältig. Sie reicht von unserem Körper, über gesunde Nahrung bis hin zu gesunder Luft und vielem anderen mehr. Vor allem aber scheint es in uns wie in allem Lebendigen tatsächlich eine Art ganz speziellen Lebendigkeitsfaktor zu geben. Einen unsichtbaren Gradmesser, der darüber bestimmt, wie gut oder schlecht jedes Lebewesen mit Energien umzugehen versteht.

Dieser Lebendigkeitsfaktor bestimmt darüber, wie offen und neugierig wir auf die Umwelt zugehen. Vor allem aber auch, welche Energien wir uns besorgen.

Die Lebendigkeit, mit der wir auf der Erfolgsleiter des Lebens hinaufklettern, ist jedoch zumeist schwer gestört. Das unsichtbare Band, das jeden kleinen "Erdling" mit Mutter Erde verbindet und das uns Natürlichkeit, Selbstsicherheit und Kreativität beibringen soll, wurde nie geknüpft oder zu bald zerrissen.

Übrig bleibt ein verunsichertes inneres Kind. Dies begleitet uns ein Leben lang und lässt uns nicht zu jenen charismatischen Menschen werden, die wir gerne wären.

Und wie bei einem wahren Teufelskreis wiederholt sich dieser Knick in der Evolution nicht nur in jeder Kindheit. Er findet überall dort statt, wo Natürliches nicht harmonisch in Zivilisation übergehen darf. In Forschung und Wissenschaft ebenso wie in Wirtschaft, Medizin und Politik.

Neue Rezepte für ein Leben, das seinem Namen gerecht und auch wirklich „lebendig“ wird, bekommen wir nur dann, wenn wir endlich mit der Natur zusammen arbeiten. Wenn wir den Knick in uns selbst und in unserer Beziehung zur Erde erkennen und begradigen. Sieht man sich den natürlichen Meisterplan für die menschliche Intelligenz nämlich genauer an, so sollten wir nicht nur gesünder und lebenslustiger leben. Es scheint beinahe so, als ob Gaia uns alle zu jenen "Höhepunktlern" machen wollte, die wir inzwischen nur bewundern. Denn schon immer gab es einen winzigen Kreis von Natur aus begnadeten Menschen, deren ganzes Leben einer Art Höhepunkt glich. Dass sie ganz unbewusst, also tatsächlich "von Natur aus", einfach die Energie des Lebens, die eigene und die Energie der Umgebung besser verwerten, ahnen wir erst heute.

So wie wir erst heute darauf kommen, dass wir die Gaia-Energie von vornherein positiv einsetzen können: dann, wenn wir endlich die Lebendigkeit von Gaia durchschauen und uns diese Energie in allen Bereichen des Lebens nutzbar machen.

Aber wie tut man dies?

Wie tankt man diese *power*, wenn rundherum von vergifteter Erde, vergifteten Pflanzen und Tieren die Rede ist?

Wie holt man sich die besten Gaia-*vibes*, wenn man in einer Großstadt wohnt?

Berechtigte Fragen, die sich jeder stellen muss, der nur ein wenig in Richtung Gaia denkt. Denn der Planet als große Kraftquelle, als riesiges und komplexes Lebenssystem, hat auch seine Tücken: man spürt den Puls dieses phantastischen Lebewesens wenn man in der Natur lebt oder arbeitet - die Verbindung reißt aber scheinbar sofort ab, wenn wir uns in einer unlebendigen, roboterhaften Umwelt bewegen. Dies liegt daran, dass wir nur ein sehr vordergründiges Empfinden für die Energien der Erde haben. Gaia-Energie ist ja nicht nur gute Luft und sauberes Wasser. Gaia-*vibes* sind das und noch viel mehr. Sie sind es, die den

Salzgehalt in den Meeren ebenso im Einklang halten, wie die Zusammensetzung unseres Blutes. Sie stellen nicht nur den Planeten sondern auch unseren Körper automatisch auf Klimaveränderungen ein. Bei allem und jedem, was sich auf diesem Planeten tut, haben die *magical* Gaia-*vibes* ihre Hand im Spiel. Geheimnisvoll, sagenumwoben, uralt und immer jung ist Gaia-*power* nämlich ganz einfach Lebendigkeit pur.

Lassen Sie sich diesen Begriff, lassen Sie sich "Leben pur" einmal auf der Zunge zergehen. Stellen Sie sich "Lebendigkeit pur" in Ihrem Alltag, in Ihren Beziehungen, bei Ihren Hobbies vor. Schnell bekommen Sie ein Gefühl dafür, dass es diese *power* in sich hat.

Sie ist genau das gewisse Etwas, das uns allen fehlt, dem man jedoch sofort auf die Spur kommt, wenn man seinen eigenen Lebendigkeitsfaktor unter die Lupe nimmt. Genau so etwas, eine ganz persönliche Skala der Lebendigkeit, hilft uns nämlich dabei, sich und jede Situation nach der ganz besonderen Vitalität abzuchecken.

Machen Sie den Versuch! Schauen Sie sich Ihr Leben einmal unter dem Gesichtspunkt an, dass Sie nicht immer die/derselbe sind und dass es auch in Ihnen völlig verschiedene Frequenzen gibt.

Stellen Sie sich dazu vorerst eine Situation vor, in der Sie sich körperlich hundertprozentig *okay* fühlen. Ausnahmsweise streben Sie nicht nach besonderen Gefühlen, nicht nach ausgeflippten Ideen. Seien Sie nur Körper, vor allem ein Körper, der sich rundherum wohl fühlt. Beim nächsten Schritt gehen Sie ein Stück weiter: diesmal geht es darum, gefühlsmäßig rundherum ausgeglichen zu sein.

Fühlen Sie sich ganz einfach total *happy*! Dann machen Sie einen ziemlich gewaltigen Sprung und imaginieren einen jener Augenblicke in Ihrem Beruf, bei dem Ihre Gedanken plötzlich so richtig phantastisch werden: Alles läuft wie am Schnürchen und

Sie selbst fühlen sich beinahe als Genie. Spätestens jetzt werden Sie bemerken, wie eines auf dem anderen basiert. Wie ein toller Körper tolle Gefühle erzeugt und diese die Voraussetzung für geniale Gedanken schaffen.

Zuletzt gönnen Sie sich einen ganz besonderen Ausflug in Ihrer Imagination. Malen Sie sich einen jener raren Höhepunkte aus, in denen alles hundertprozentig zusammenschwingt und ihre Gedanken, Gefühle und Empfindungen sich zu einer vierten Kraft vervollständigen.

Auf den ersten Blick nicht so leicht entschlüsselbar, entpuppt sich nämlich genau diese Kraft als das Tüpfelchen auf dem "I". Sie ist das, was Höhepunkte erst zu Höhepunkten macht: jene völlig bewusste Offenheit und Unbeschwertheit, die die Gaia-*vibes* anscheinend immer für uns vorgesehen haben.

Mit einem Schlag haben Sie vier verschiedene Frequenzstufen, die Sie genau nach den verschiedenen Formen von Lebendigkeit einteilen können.

Schwingung Eins bedeutet einen Körper, der sich wohlfühlt. Schwingung Zwei ausgeglichene Gefühle. Schwingung Drei phantastisches Denken. Und Schwingung Vier fasst alle drei Frequenzen zu einem ganz besonderen Höhepunkt zusammen.

Leider hat diese Skala, mit der wir schnell und leicht unseren Gesamtzustand feststellen können, nicht nur ihre Höhen, sondern auch ihre Tiefen.

Unter der Null liegt nämlich jener tückische unlebendige Bereich, der zumeist mit einem einzigen aufregenden Gedanken beginnt.

Wie wäre es, wenn man schnell noch dieses oder jenes *event* besuchen würde, denkt man und landet dann auch in der nächsten Kneipe, wo man wieder mal zu viel trendige *drinks* und zu viel trendiges Knabbergebäck in sich hinein futtert. Dazu vielleicht auch noch raucht. Der Kater am Morgen danach ist gewiss.

Und während man sich am Abend noch sehr lebendig vorkam, ist davon am nächsten Tag wenig zu spüren.

Darum geht es unter der Null genau umgekehrt zu wie über der Null, wo bei einer völlig natürlichen Entwicklung körperliche, gefühlsmäßige und intellektuelle Höhen harmonisch ineinander übergehen. Im negativen Bereich herrscht zuerst ein unlebendiger Gedanke. Ihm folgen lebensfeindliche Gefühle und ein kranker Körper. Dies passiert in der Kindheit, wenn wir ein Kind nicht Kind sein lassen, sondern zu früh in die Erwachsenenwelt ziehen; es passiert in der Wissenschaft, wenn falsche Gedanken die Erde kaputt machen.

Vor allem passiert es immer dann, wenn wir im Alltag unter die Null rutschen. Die "Minus-Eins" ist nämlich jenes Stadium, in dem wir zuerst einmal "nur" mit völlig unlebendigen Gedanken durchs Leben laufen. Erst dieser Unkreativität folgen als zweiter Schritt schlechte Gefühle.

Plötzlich wird alles zu viel: der Beruf, Familie, Freunde. Wir werden von Angst und Schuld geplagt und in der Folge kommt es zur "Minus-Drei", jenem negativen Körperstadium, bei dem sich schlechtes Denken und schlechte Gefühle spät aber doch auf die Materie auswirken. Ausgelaugt wie wir sind, werden wir vielleicht sogar krank.

Zuallerletzt gibt es noch jene scheußliche "Minus-Vier", bei der alle negativen Stadien zusammentreffen: Wir können nicht mehr denken, unsere Gefühle sind am Boden angelangt, unser Körper ist ohne jede Energie.

Auf Anhieb macht uns solch eine Skala klar, dass es tatsächlich einen Lebendigkeitsfaktor gibt, dass wir nicht jene statischen Wesen sind, für die wir uns halten. Wir strahlen die verschiedensten Energien aus, hohe oder niedere *vibes* - je nachdem wie wir uns ernähren, wie wir fühlen und denken. Normalerweise tun wir dies jedoch weder von den höchsten noch von den niedersten Stufen.

Die Höhepunkte von "Plus-Vier" schaffen wir leider zu selten und das Jammertal von "Minus-Vier" bleibt uns mit ein wenig Glück erspart. Dafür tummeln wir uns mit Vorliebe im Gebiet der Null herum, die ein ziemlich fatales Stadium darstellt.

Zwischen der nach oben steigenden Skala der Lebendigkeit und der uns nach unten drückenden Skala der Un-Lebendigkeit angesiedelt, macht die Null rast -und ratlos. Wie Schläfer oder Roboter laufen wir mit alten, sich immer wiederholenden Programmen durchs Leben und nennen dies Alltag.

Andererseits gibt es Hoffnung!

Haben wir einmal begriffen, wie leicht wir unseren Lebendigkeitsfaktor erhöhen können, tun wir dies immer wieder. Nicht nur der Plus-Bereich der Skala zeigt uns, wie bestes und ganzheitliches Denken über einen lebendigen Körper und positive Gefühle führen - gleiches tut seit Jahren eine ungeheure Vielfalt an alternativen Lebensformen.

"Glücklicherweise" gibt es ja nicht nur einen Bio-Schock, der uns überall in den Knochen sitzt, es gibt auch eine Gegenbewegung, die mit viel Engagement und Geduld das Leben über der Null übt. Alle Körpertherapien, jede Form von ökologischem Landbau, die alternative Medizin und die alternative Küche, die verschiedensten Meditationsformen ebenso wie neue Denkrichtungen: sie alle haben als geduldete Verrücktheiten begonnen und sind heute zu einer nicht unterschätzenden Macht in Sachen Gaia-Energie geworden.

Denn wir müssen tatsächlich sehr schnell völlig neue Werte einführen. Die Skala der Lebendigkeit lässt sich mit ein wenig Übung auf alles übertragen: auf Lebensmittel, die energiereich oder total erschöpft sein können; auf Regenwälder ebenso wie auf unsere Beziehungen, unsere Jobs, unsere Wohnungen.

Alles, was im Einklang mit der Natur ist, liegt über der Null und gewinnt mit jeder Stufe aufwärts mehr Energie, mehr Leben.

Alles, was unter der Null liegt, denkt und fühlt gegen die Natur, verliert von Stufe zu Stufe Energie und wird immer lebloser.

Auf solch einer stufenartigen Skala arbeitet nicht nur Gaia - auch wir als Kinder dieser Erde sollten es ihr nachmachen. Wenn wir nämlich an die so wunderbaren und gleichzeitig so ominösen Gaia-*vibes* herankommen wollen, so bleibt uns gar kein anderer Weg als für uns selbst eine ganz persönliche Lebendigkeits-Skala zu kreieren. Wir können nicht mehr länger mit den Schwarz-Weiß-Begriffen von "Gut" und "Böse" weiterwursteln. Sie sind nicht nur längst überholt - sie richten sogar Schaden an. All das, was in den letzten Jahren gut für die Wirtschaft war, war gleichzeitig oft verdammt schlecht für uns und für Gaia.

Wie praktisch dagegen eine Skala ist, die auf Anhieb zeigt, ob etwas nur eine gewinnbringende Idee ist oder ob sie gleichzeitig ein Stück Lebensqualität bringt, ahnt man, wenn man sich vorstellt, dass Politik oder Wirtschaft die Dinge plötzlich nach ihrer Lebendigkeit beurteilen müssten.

Und wie sehr eine solche Skala unser eigenes Leben verändern kann, lässt sich mit Hilfe eines kleines Tests schnell entdecken: ballen Sie nur für eine halbe Minute die Hand zur Faust - dann lassen Sie locker und genießen die entspannte Hand. Im Nu haben sie nicht nur das eindringlichste Beispiel für die Verschlossenheit unter der Null und die Offenheit darüber. Sie haben auch das erste und wichtigste Gesetz der Gaia-Energie: Lebendigkeit zieht Lebendigkeit an, heißt jenes Geheimnis, das bis heute nur die raren "Höhepunktler" kannten.

Heute aber können wir alle es ihnen nachmachen, wenn wir kapieren, welches phantastische System diese Erde und ihre Bewohner darstellen. Zieht man nämlich nur ein paar Verbindungslinien zwischen Gaia und der Entwicklung des Menschen, so erkennt man auf Anhieb, warum wir alle nicht so genial, nicht so *happy* und nicht so rundherum zufrieden sind, wie wir es sein könnten. Und warum wir gerade deswegen Mütterchen Erde so schlecht behandeln. Darum muss dieses Buch auch zweierlei sein: Sachbuch und Coaching-Buch. Ein Buch das Information und Seminar zugleich ist. Neben einem Schnupperkurs in Sachen Gaia-These und einer Schilderung des phantastischen Meisterplans für eine natürliche Genialität des Menschen gibt es ein Gaia-*power*-Training, mit dessen Hilfe der Knick in diesem Plan so vergnüglich wie möglich ausgebügelt werden kann. Erst dann nämlich können wir auf der Skala der Lebendigkeit nach oben klettern und darüber bestimmen, welche Energien wir anziehen und ausstrahlen.

Dabei werden sich vielleicht manche wundern, dass sie mit dem guten alten „Sie" angesprochen werden. Das überall so leichtfertig gebräuchliche „Du" wird sich am Ende von selbst ergeben: Dann, wenn wir zu wirklichen und lebendigen Geistesverwandten, zu Brüdern oder Schwestern werden. Zu den Kindern der großen Mutter, die so phantastisch für uns alle vorsorgt, für uns, die eine große Familie der Menschheit.

DIE WIEDERENTDECKUNG DES BLAUEN PLANETEN

A*m Anfang aller Dinge tauchte Mutter Erde aus dem Chaos und gebar im Schlafe ihren Sohn Uranus,* heißt es im olympischen Schöpfungsmythos. Die Genesis unseres Planeten setzt sich bei den alten Griechen damit fort, dass Uranus schließlich zum Himmel und damit zum "Urvater" aller Dinge wird. Er sprüht Regen auf die Erde und daraufhin gebiert Mutter Erde "*das Gras, die Blumen und die Bäume und auch die Tiere und die Vögel, die dazu gehörten.*" Gaia oder Ge, wie die Griechen die Erdmutter nannten, lässt Flüsse, Seen und Meere entstehen. Später ihre ersten Kinder, die Titanen oder Riesen, die Vorfahren der Menschen.

Das intuitive Wissen früher Völker und Kulturen um einen organischen, lebendigen Zusammenhang zwischen allen Dingen war indes schon bei den Griechen bloßer Mythos. Es verblasste je mehr der Mensch seine eigene "Umwelt" vielfach im Kampf gegen die Natur schuf und verteidigte. Und noch bis vor kurzem mutete der Gedanke an einen lebenden Organismus namens Erde sogar ein wenig lächerlich an. Der Mensch hatte die Natur erobert. Er konnte sich täglich beweisen, dass er die Krone der Schöpfung war, dazu berufen, die Erde zu beherrschen.

Und nicht nur sie: Der Mensch schickte sich an, nach den Sternen zu greifen und in den Weltraum vorzustoßen. Zufall oder nicht: Genau an diesem Punkt tauchte auch die alte Erdmutter wieder auf. Gaia wurde nicht nur erstmals zum Gegenstand wissenschaftlicher Hypothesen, ihre Wiedergeburt geschah auch genau zum richtigen Zeitpunkt. Denn immer mehr Menschen begannen zu begreifen, dass das menschliche Großhirn zwar herrliche Symphonien komponieren und Mondfähren bauen kann - dass es aber offenbar ganz und gar nichts wert ist, wenn es um die Sicherung des Lebens auf Erden geht. Die angebliche Weisheit und Weitsicht des Menschen erwies sich plötzlich als zweischneidig. Vermuteten die einen, dass die Menschheit das aus Milliarden Zellen bestehende Gehirn der Erde darstelle, machte auf der anderen Seite das geflügelte Wort vom "Krebs des Planeten" die Runde.

Ein Wort, dessen traurige Wahrheit wir erst heute ganz begreifen!

Noch etwas kam hinzu: Je weiter der Mensch mittels immer ausgeklügelter Technologie sowohl in den Makrokosmos als auch in den Mikrokosmos vordrang, umso mehr stieß er an die Grenzen seiner Erkenntnisfähigkeit.

Gerade die Mysterien der subatomaren Welt, die Rätsel der Elementarteilchen, der Neuronen und Quarks brachten immer mehr Wissenschaftler zu der Erkenntnis: Offenbar gibt es nichts, das für sich alleine existiert. Alles hängt irgendwie zusammen, ist Teil eines nichtdefinierbaren Ganzen. Alles beeinflusst alles!

Das Weltall schließlich war es, das der menschlichen Arroganz - zunächst ganz unbewusst - einen gehörigen Dämpfer versetzte: Bis zur Mitte des vergangenen Jahrhunderts ging dort der Mond so stille wie eh und je. Ungeachtet des Werdens und Vergehens einzelner Sterne galt das Universum als ein in majestätischer Ruhe verharrendes Gebilde.

Inzwischen ist alles anders geworden. Inzwischen gibt es keinen Zweifel mehr, dass sich selbst in unserer eigenen Milchstraße, sozusagen in unmittelbarer Nachbarschaft, heftigste Wechsel vollziehen: Umwälzungen, Untergänge, Neuschöpfungen. Und in dieses gewaltige Szenarium eingebettet, begegnet uns immer wieder die Erde, der blaue Planet.

Der Blick auf diese kleine blaue Kugel, der Blick aus dem All auf den Planeten hat die Einstellung vieler Menschen zur Erde geändert. Nicht umsonst wurde der erste Flug zum Mond oftmals mit dem riesigen Sprung einiger Flöhe verglichen, die ihr Leben auf einem Elefanten verbringen, ohne zu wissen, dass dieser ein lebendiger Organismus ist. Erst die Entfernung von hundert Metern macht den Flöhen klar: der lebt ja!

So war der Flug zum Mond tatsächlich so etwas wie die Rückkehr des Menschen zur Erde. So mancher kam vom arroganten Höhenflug zurück auf den Erdboden und wurde sich erstmals bewusst, wie abhängig der Mensch von diesem Planeten ist. Nicht nur das "Raumschiff Erde" war plötzlich ein geläufiger Begriff - man begann sich auch Sorgen um die begrenzten Vorräte der Mannschaft zu machen. Vielen wurde erstmals klar: Wir sind nicht nur ein Teil der Erde, auch nicht deren Herren! Wir sind in ihr, von ihr!

Gebunden an die Erde wie die Flöhe an den Elefanten, hatte der Mensch bisher keine Gelegenheit gehabt, den Planeten, den er bevölkerte, als Ganzes zu sehen. Nun konnte er ihn bewundern: in seiner ganzen Größe ebenso wie in seiner Zerbrechlichkeit. Der Astronaut Russel Schweickart schilderte nach dem Flug zum Mond seine Eindrücke so:

" *Da wird klar, auf jenem kleinen blauweißen Ding befindet sich all das, was dir etwas bedeutet: alles, was es gibt an Geschichte und Musik, Dichtung und Kunst, Tod, Geburt, Liebe, Tränen, Freude, Spiele - alles ist auf der winzigen Kugel in der Ferne.....Du erkennst, dass du ein Stück davon bist, dass du dazugehörst....Und bist du wieder zurück, sieht die Welt ganz anders aus.*"

Aber nicht nur die ersten Männer auf dem Mond und mit Ihnen viele Erdbewohner entdeckten den blauen Planeten neu.

Die Forschung stellte "Mutter Gaia" auch in anderer Hinsicht ins Rampenlicht des Weltraumzeitalters. Der Umweg führte nämlich nicht nur über den Mond zurück zur Erde, sondern auch über den Mars, beziehungsweise über die Suche nach Lebensformen auf diesem Planeten. Diesen war James Lovelock auf der Spur als er in den Siebzigerjahren des vergangen Jahrhunderts als Experte für die NASA arbeitete. Er stellte sich jene berühmte Frage, die zum Ausgangspunkt für die ganze Gaia-These wurde und die sich eigentlich völlig paradox anhört: wie findet man Lebensformen auf dem Mars, wenn man nicht einmal genau weiß, wonach man sucht. Schließlich, so sagte er sich, mochten fremde Lebensformen ja auf ganz anderen chemischen Verbindungen basieren und auf unsere Tests gar nicht reagieren.

Zusätzlich ging er von der Voraussetzung aus, dass Leben die Atmosphäre und Ozeane als Spender und Aufnahmespeicher für die Produkte des Stoffwechsels benötigt. Planetarisches Leben musste sein Klima und seine chemischen Zustand selbst regulieren. Für ihn war bald klar, dass es Leben nicht in vereinzelten Oasen geben könne, dass zeit-oder teilweises Bewohnen oder vereinzelte Besuche nicht ausreichen würden die Evolution eines Planeten voranzutreiben.

Die Unfruchtbarkeit des Mars, die später von den Viking-Sonden bestätigt wurde, war aber der Schlüssel zum Gaia-Prinzip geworden, zu Lovelocks Theorie von der Erde als einem organischen, lebendigen Gesamtsystem. Und sie war der Schlüssel zu jener Gaia-Energie, der wir heute auf der Spur sind.

Lovelock nahm nämlich etwas an, das uns alle betrifft: die Gaia-Fans, aber auch und vor allem jene Typen, denen die Erde und ihre Funktion ziemlich egal ist. Er behauptete, dass jede Art von Lebens-System Materie und Energie aufnehmen, verarbeiten und wieder abgeben muss. Die Frage ist nur, wie diese "Nahrung" im weitesten Sinne verwertet und in den Kreislauf des Lebens zurückgegeben wird.

WARUM WIR FALSCH ERNÄHRT, GESTRESST UND ZU OFT UNGLÜCKLICH SIND

Aufnehmen - verarbeiten - abgeben! Versuchen Sie sich diesen dreifachen Prozess des Lebens vorzustellen! Versuchen Sie ihn zu fühlen und zu empfinden! Denn eben dieser Prozess schafft jenen Lebendigkeitsfaktor, dem wir auf der Spur sind.

Wir nehmen Nahrung, Wasser, Luft, aber auch die Energien von Orten und Menschen auf. Wir verarbeiten sie auf unsere ganz spezielle Art und strahlen sie auf ebenso spezifische Weise wieder ab. Klar, dass es dabei zuerst einmal auf das ankommt, was wir aufnehmen. Ein herrlich duftendes Bio-Vollkornbrötchen schafft wohl unbestreitbar in unserem Körper eine andere chemische Reaktion als *fast-food*. Ein Ei von Bio-Hühnern wirkt anders als eines, das aus den Batterien von Legehennen kommt. Frisch gekochte Speisen wirken anders als Tiefkühlkost....

Die Liste lässt sich ins Unendliche fortsetzen, aber man braucht sie nicht einmal, um sich vorzustellen, welche Folgen es langfristig hat, wenn die Nahrung, die wir aufnehmen, auf der Lebendigkeits-Skala immer weiter nach unten rutscht. Überall greifen erschöpfte Menschen zu erschöpfter Nahrung und werden dadurch selbst immer erschöpfter. Dies ist aber nur die erste grundsätzliche Lektion, die wir aus dem dreifachen Prozess, mit dem Gaia überall arbeitet, für uns persönlich ableiten können.

Viel interessanter wird es, wenn wie uns die Aufnahme, Verarbeitung und Abgabe von Energien auch bei Gefühlen ansehen. Denken Sie noch einmal kurz zurück an das dem kindlichen Gemüt aufgezwungene Gefühl, ein "Schmutzfink" zu sein. Genau damals haben Sie nämlich die ersten falschen Gefühle, das erste "Die-Erde-ist-schlecht-Programm" in ihre Persönlichkeitsstruktur eingraviert bekommen.

Damals war nicht Ihr Abenteuer wichtig, nicht Ihre Aufregung und die tolle Geschichte, die Sie erzählen wollten, sondern sehr viel öfter die Erdspuren auf ihrem Pullover. Seitdem hat die Erde den Beigeschmack von Schmutz. Was auch der Grund dafür ist, dass die wenigsten Menschen gerne mit und in der Erde arbeiten. Schon gar nicht jene, die als Stadtkind richtige Erde gar nicht kennen lernen durften. Diesen ist sie zumeist ebenso verdächtig wie alles andere, was mit der Natur zu tun hat.

Dieses Misstrauen erwächst aus unseren ersten Erlebnissen mit Mutter Erde, die selten so harmonisch waren, wie Kinder sich dies wünschen würden. Ihnen folgten die verschiedenartigsten anderen. Eines aber blieb allen gleich: unsere natürliche Antriebsenergie, unsere unbefangene Lust am Leben, wurde falsch verarbeitet. Anstatt bei "Plus-Vier" anzukommen, rutschen wir deswegen heute zu oft auf die Null zurück. Manchmal sogar hinein in jenes "Minus-Eins"-Denken, das die schädlichsten Folgen für uns und die Erde hat.

Der überall wirkende dreifache Prozess aber führt weiter. Wir sind nämlich nicht nur fehlernährt und gestresst: sobald sowohl unsere Nahrung als auch unsere Gefühle eine niedrige Frequenz haben, sackt auch unser persönlicher Magnetismus ins Negative ab. Wir ziehen falsche Freunde, falsche Liebhaber/innen und falsche Jobs an.

Und auch in der Freizeit begleitet uns jene Energielosigkeit, die signalisiert, dass wir wieder einmal in ein Loch auf der Skala der Lebendigkeit abgerutscht sind. Denn die Skala hat eine besondere Eigenart: sie funktioniert überall und jederzeit nach dem dreifachen Prozess der Energieaufnahme: Beste Energie kann nur abgegeben werden, wenn beste Energie eingespeichert und verarbeitet wird. So kann der vieldiskutierte Regenwald, wenn er nicht gestört wird, nicht nur die Energien von Gaia aufnehmen und verwerten, er gibt auch tollste Energien weiter. Er ernährt seine Bewohner, er hilft bei der Regulierung des Klimas. Und er liefert sogar uns Mitteleuropäern Heilpflanzen, die die moderne Wissenschaft nur bewundern kann.

Er verwirklicht also nicht nur das Dreier-Gesetz, er steigt auf der Plus-Skala auch zur höchsten Lebendigkeit von "Plus-Vier", zu Höhepunkten für den gesamten Planeten auf. Holzen wir ihn jedoch bedenkenlos für diese oder jene Möbel ab, so lässt unser schädliches Denken sofort die Minus-Skala aktiv werden: Die Zusammenarbeit, also die "Gefühle" des ganzen Waldes, funktioniert nicht mehr. Es wachsen keine neuen Bäume mehr nach.

Der "Körper" des Waldes wird krank. Schließlich kommt es auch hier zu jenem energielosen "Minus-Vier", zu jener total verqueren Situation, bei der nichts mehr klappt: nicht der Regenwald selbst, nicht die Nahrung für seine Bewohner. Die Heilpflanzen, die Krankheiten kurieren könnten, sterben aus. Nicht zuletzt zeigt der Klima-Schock, der sich in den letzten Jahren zum Bio-Schock gesellt, wie wichtig die Baumriesen als die Lunge des Planeten sind.

DAS UNSICHTBARE NETZ DES LEBENDIGEN

Nicht umsonst war es schon in Sachen Mars für Lovelock klar, dass der dreifache Prozess des Energie-Aufnehmens, des Verarbeitens von Energie und des Wiederabgebens ungeahnte Auswirkungen auf die Umwelt, vor allem auf die chemische Zusammensetzung der Atmosphäre hat. Diese bewegt sich um den Mars beinahe im Gleichgewichtzustand, während Atmosphäre, Meere und Boden der Erde weit von diesem Gleichgewicht entfernt sind. Allein schon in der Atmosphäre weicht die Konzentration der Gase stark von jenen Werten ab, die die physikalische

Chemie als Gleichgewichtszustand voraussagt. Demnach hätte der Sauerstoffgehalt gleich Null zu sein. In Wirklichkeit aber beträgt er 21 Prozent.

Eine bemerkenswerte Angelegenheit insofern, weil sich Sauerstoff als hochreaktives Gas leicht mit anderen Stoffen verbindet und deshalb rasch absorbiert werden müsste. Lovelock kam zu der für ihn einzig möglichen Erklärung: die gesamte lebendige Materie auf Erden, von den Viren bis zu den Walen, von Algen bis zu Eichen bildet mit der Luft, den Meeren und der Landoberfläche ein gigantisches, sich selbst organisierendes System. Ein System, das die Temperatur und die Zusammensetzung von Luft, Meer und Boden so zu regulieren vermag, dass die optimalen Bedingungen für die Erhaltung von Leben auf dem Planeten geschaffen werden.

Gaia-Energie, Gaia-Engineering ist also überall am Werk. Die Kraft des Lebendigen durchzieht und umgibt diesen Planeten wie ein unsichtbares Netz. Dieses wird auch bei den vier Grundvoraussetzungen für Gaia sichtbar, die Lovelock später definierte. Zu einem eng verknüpften System von Leben gehören:

+ lebende Organismen, die alle Möglichkeiten des Lebensfeldes zu kraftvollem Wachstum nützen;

+ Organismen die der natürlichen Selektion unterworfen sind;

+ Organismen, die ihre Umgebung sowohl in chemischer als in physikalischer Hinsicht beeinflussen und

+ schließlich das Vorhandensein von zwingenden Voraussetzungen oder Beschränkungen, die die Grenzen von Leben bestimmen.

Alles zusammen bedeutet, dass der Idealzustand niemals heiß oder kalt, sauer oder basisch usw. ist, sondern immer in einem Bereich liegen muss, der lebenserhaltend ist. Diese vier

Punkte als Rezept für das Gaia-System und als Modell für selbstregulierende Systeme zeigen uns, dass sich das Leben selbst die besten Lebensbedingungen organisiert, die nicht immer der "menschlichen Logik" von Schwarz ist Schwarz und Weiß ist Weiß entsprechen müssen. Und dass dieses Leben eine große Mutter hat: die Erde als einen einzigen, großen lebenden Organismus.

Vor beinahe einem halben Jahrhundert war dies in der Tat eine schwierige Vorstellung. So blieb selbst Lovelock noch vorsichtig und sprach inmitten des aufbrechenden Wissenschaftler-Streites zuerst einmal nur von einem biologischen Gefüge, das dazu bestimmt war, eine gewählte Umgebung aufrecht zu erhalten. Er verglich das Bio-System mit einem Bienenstock, in dem alles und jedes seine ganz bestimmte, festgelegte Rolle spielt. Heute spricht beinahe alles dafür, dass Lovelock mit seiner Gaia-Hypothese ins Schwarze getroffen hat. Die Idee des Forschers nach Leben auf dem Mars ist für das Überleben auf der Erde ungemein wichtiger geworden als jede Frage nach fremden Lebensformen auf fernen Planeten.

Denn das System Erde ist marode. Die optimalen Lebensbedingungen sind durch die Eingriffe des Menschen gestört - für manche "regulierende Lebensformen" in bereits tödlichem Ausmaß. Es ist also ein Gebot der Stunde, dass der Mensch tatsächlich ein neues Verhältnis zu seinem Planeten bekommt. Lovelock selbst fordert eine Gaia-Medizin, fordert Gaia-Ärzte. Und immer mehr Wissenschaftler schließen sich ihm an und sind sich darin einig, dass die erfolgreichste Methode zur Erforschung und Kurierung des Planeten darin besteht, ihn als ein ganzheitliches System aufzufassen. Schließlich handeln wir in Bezug auf uns selbst auf genau dieselbe Art und Weise: wenige kommen auf die Idee, sich als einen Tanz von Atomen zu betrachten, die meisten sehen sich als ein Wesen, das ungeachtet seiner körperlichen Vielfältigkeit ein reales Ganzes ist.

Genau das aber ist unsere Chance: Wir müssen diese Vielfältigkeit ausdehnen und verstehen, dass wir ein Individuum sind - und trotzdem sehr viel mehr. Mit jeder Körperzelle sind wir mit dem Klima, mit dem Kreislauf der Jahreszeiten, mit unserer Nahrung und mit vielem anderem mehr verbunden. Jede Zelle nimmt gute oder schlechte Energie auf und gibt entsprechende Energie ab. Nicht ohne Grund heißt es immer wieder: Wir sind was wir essen! Jahrelang wurde dieser Spruch belächelt. Heute ist vielen Leuten das Lächeln in der Kehle steckengeblieben. Wir begreifen spät aber doch, dass wir tatsächlich genau das sind, was wir essen. Aber auch das, was wir fühlen, das, was wir denken! Sobald wir dies aber in vollem Ausmaß kapiert haben, führt an unserer Verantwortung für ein neues, wirkliches Leben auf dieser Erde kein Weg mehr vorbei.

SCHAFFEN SIE GUT UND BÖSE AB UND WERDEN SIE LEBENDIG!

Wir haben gesehen, was herauskommt, wenn wir Wirtschaft und Politik für uns denken lassen! Wir haben uns auf die Weisheit und das Wissen von Oben verlassen und sind alle bitter enttäuscht worden! Und wir haben genug von alten Ge-und Verboten, die, wie wir sehr genau spüren, weder uns noch dem Planeten neue und bessere Energien liefern. Darum muss das alte "Gut" und "Böse" tatsächlich sehr schnell verschwinden oder zumindest relativiert werden. Einst sind im Namen von "Gut und Böse" Millionen Erdgeborene hingemetzelt worden. Im letzten Jahrhundert hat man im Namen des wirtschaftlichen Guten die Erde beinahe völlig kaputt gemacht. Der nächste Schritt an den Rand des Abgrunds im Namen des sogenannten Guten wartet in allen Bereichen des sich unhinterfragt verselbstständigenden "Fortschritts" auf uns.

Darum machen Sie zumindest für die Dauer der Lektüre dieses Buches den Versuch: Schaffen Sie für sich persönlich "Gut" und "Böse" ganz einfach ab! Überprüfen Sie jede Handlung danach, ob sie auf der Skala der Lebendigkeit über oder unter der Null liegt! Suchen Sie sich Nahrung, Freizeitvergnügen, ihr politisches Engagement und Ihre Gedanken nach jener Lebendigkeit aus, die wir alle so bitter nötig haben.

Im Englischen gibt es übrigens ein wunderschönes Wortspiel, das wir uns dabei immer wieder vor Augen halten können. Dort wird aus dem Leben, dem "*live*", wenn man es umdreht, "*evil*", das Üble, das Böse. Genau solch ein Umkehrspiel zeigt uns nämlich, dass das Böse nicht unbedingt das Gegenteil dessen sein muss, was wir allgemein als "gut" bezeichnen. Es ist schlicht und einfach das, was nicht lebendig genug ist. In diesem Sinne wird eine Skala der Lebendigkeit sehr schnell zu einem ebenso nützlichen wie vergnüglichen Spiel, mit dem wir nicht bald genug beginnen können. Denn nicht nur wir nehmen dabei auf diese oder jene Art bessere Energien auf und ernähren dadurch Körper, Gefühle und Gedanken mit sehr viel höherer Energie - wir geben auch bessere Energien ab.

Und genau solch homöopathische Dosen braucht Gaia! Während wir nämlich bei der medizinischen Behandlung des Menschen längst darauf gekommen sind, dass die winzigen, oft nicht einmal nachweisbaren Spurenelemente der Homöopathie oft wirksamer sind als schwere Antibiotika, steht diese Entdeckung in Sachen "Gaia" noch aus. Entdecken wir die Lebendigkeits-Skala jedoch als ein unverzichtbares Instrument für unser eigenes Leben, so bekommt die Erde über die Erdlinge ganz automatisch unsichtbare homöopathische Dosen.

Dies kann sich auf millionenfache Art und Weise äußern: in jeder kleinsten Handlung ebenso wie in genialen Gedanken. Vor allem aber in der positiven und lebendigen Energie, die wir ausstrahlen. Die alte Ausrede, dass wir allein nichts tun können, gilt nämlich nicht mehr. Heute heißt es im positiven wie im negativen Sinn: Alles, was wir für uns tun, tun wir auch für Gaia. Und was wir für Gaia tun, tun wir für uns.

EVOLUTIONS-SPIELE

Die Geburt der Erde

Die dicksten und intelligentesten Wälzer, in denen das beste Wissen über Gaia und deren Rettung zusammengetragen ist, nützen uns solange nichts, solange wir nicht die richtigen Gefühle für den Planeten entwickeln. Dies liegt daran, dass es abstraktem Wissen allein nie gelingt, jenes Bilderdenken zu aktivieren, das wir als Kind erlernt haben und das uns die Welt sinnlich erfassen lässt.

Mit Hilfe unserer Sinne und mit Hilfe von neuen Bildern können wir jedoch sowohl unsere Gefühle als auch unsere Gedanken gewaltig verbessern. So gelingt zum Beispiel eine Reise in die Vergangenheit der Erde dann am trefflichsten, wenn die phantastische Geschichte der Evolution auch in unserer Imagination an uns vorbeizieht.

Dass eine solche Reise sogar bis hin zur Geburt der Erde möglich ist, beweist uns die Tatsache, dass wir die Spuren der Evolution in uns tragen. Wir alle haben Mineralisches, Pflanzliches und Tierisches in uns. Wir nehmen es über die Nahrung zu uns, vor allem aber schaffen diese Lebensstufen unser Dasein. Das Mineralreich gibt uns die Kraft des Bestandes. Die Pflanze führt diese Kraft fort und ergänzt sie durch Wachstum. Das Tier ergänzt Bestand und Wachstum durch die Möglichkeit der Bewegung und durch die Sinne. Der Mensch aber sollte diese drei Stufen mit seiner Erkenntnis und Weisheit verbinden und vollenden. Damit dies gelingt, benötigen wir jedoch jenes spielerische und entspannte Vorstellungsvermögen, über das wir einst als Kinder verfügten. Dies gelingt am einfachsten mit Ihrer eigenen Gaia-Meditation. Sie brauchen dazu nichts anderes zu tun als sich für fünf Minuten hinzusetzen oder hinzulegen und Ihre Mitte zu finden. Schließen Sie die Augen, horchen Sie einige Zeit lang auf Ihre Atemzüge und fühlen Sie Ihren Mittelpunkt. Dann drehen Sie die Dinge um: Nicht Sie sind mehr länger der Mikrokosmos im Makrokosmos. Diesmal schwebt der blaue Planet in Ihnen. Genau in Ihrem Bauchnabel.

Stellen Sie sich dort die Erde als jene winzige blaue Kugel vor, die Sie von den Weltraum-Fotos kennen. Und diese Kugel lebt! Sie dehnt sich harmonisch aus und zieht sich unmerklich zusammen. Sie atmet ein und aus. Beobachten Sie dieses ewige Kontraktion-und Expansions-Spiel und genießen Sie alles: die beruhigende hellblaue Farbe der winzigen Planetenkugel und das rhythmische und beruhigende Gefühl des Atems.

Genießen Sie es und lassen Sie sich vor allem alle Zeit der Welt dabei: schließlich tragen Sie für die Ewigkeit dieses Augenblicks die ganze Welt in sich. Nichts wird Ihnen schneller klar machen, dass Sie tatsächlich von Gaia-vibes energetisiert werden. Und je länger Sie das harmonische und ewige Spiel der blauen Kugel in Ihrer Mitte imaginieren, umso ausgeglichener und entspannter werden Sie sich fühlen.

Mit solch einer Gaia-Meditation können Sie nicht nur Ihren Körper fit und lebendig machen. Sie verbessern auch Ihre Gefühle. Vor allem aber jene Imagination, mit der wir uns zwischen den folgenden Kapiteln in die Evolutionsgeschichte der Erde aufmachen. Stellen Sie sich darum die Geburt der Erde in den nächsten fünf Minuten so plastisch und sinnlich wie möglich vor! Lassen Sie vor Ihrem geistigen Auge jene Ereignisse "lebendig" werden, die sich vor 4,6 Milliarden Jahren tatsächlich abgespielten: Kreisende Staubwolken ziehen im Weltall solange ihre immer noch ungewissen Bahnen bis ganz langsam - beinahe im Zeitlupentempo - aus Mineralien und Gasen ein kugelartiges Gebilde entsteht. In Ihrer Imagination lassen Sie diese Kugel dann fester und fester werden. Der erste Wasserdampf steigt von der Erde auf und langsam aber beharrlich fällt auch der erste Regen. Während Dampf und die Gase beginnen, eine Lufthülle um die Erde zu legen, brodelt und explodiert es noch überall. Die Erde spukt und hustet. Vulkanausbrüche und Erdbeben sind an der Tagesordnung. Ein Blick in das Innere der Erde zeigt uns, warum dies so ist. Die Erdkruste schwimmt auf einem 2900 Kilometer tiefen Erdmantel aus heißem flüssigem Gestein. Unter diesem Mantel befindet sich eine zweite, noch heißere Schicht, die ungefähr 2100 Kilometer dick ist. Vom Erdmittelpunkt, der tief in glühende Masse eingetaucht ist, wissen wir relativ wenig. Man stellt ihn sich jedoch am besten als einen über tausend Kilometer messenden Kern aus festem Metall vor.

Wenn wir dann einen großen Sprung machen und in die Zeit vor "nur" 250 Millionen Jahren vorwärtsschreiten, werden vor unseren Augen bereits relativ feste Kontinente sichtbar. Allerdings torkeln, schwanken und rutschen diese Erdteile noch immer. Amerika, Eurasien und Afrika sind größtenteils noch miteinander verbunden. In der Zwischenzeit beginnen sich unter der Erdoberfläche die verschiedensten Gebirge zu erheben und ganz langsam nimmt die Erdoberfläche ihre heutige Gestalt an. Aus der kleinen Staubkugel im Weltall wurde also erst in mühseliger Arbeit und in Milliarden von Jahren jener Planet, den wir heute als ein Paradies mit festen Kontinenten, mit einer mannigfaltigen Vegetation und ebenso mannigfaltigen Lebewesen kennen.

Das grandiose Schauspiel und die gigantische Leistung, die hinter der Geburt unserer Erde stand, können wir heute nur mehr erahnen. Trotzdem fasziniert diese immerwährende Schöpfung, bei der aus dem Chaos Ordnung entsteht, die wieder ins Chaos übergeht, um neue Ordnung zu schaffen.

Heute kann uns dieses uralte Wechselspiel ein gewisser Trost sein. Wenn wir die Macht und Energie, die uns umgibt, erst so richtig ausloten, wissen wir auch, dass die Zeit des Zögerns vorbei ist. Gaia selbst sagt uns, dass wir in Zukunft mit Hilfe der besten Gaia-vibes handeln müssen! Jeder für sich und alle gemeinsam!

VOM ROBOTER ZURÜCK ZUM MENSCHEN

Wenn wir den Schöpfungsmythos der alten Griechen aktualisieren, so könnte sich die Familiengeschichte des Planeten vielleicht so anhören:

Mutter Gaia gebar nicht nur Gras, Bäume, Tiere und Vögel, sie war auch dem Menschen eine Mutter, die ihn mit allen Gaben versorgte. Lange Zeit herrschte völlige Harmonie. Selbst dann noch, als die Kinder ihre eigenen Wege zu gehen und selbstständig zu denken begannen. Gegen diese "Entwöhnung" hatte Mutter Gaia nichts.

Ganz im Gegenteil, sie sorgte für Abwechslung, bereicherte das "Familienleben" durch die Gabe der Individualität und Vernunft.

Doch dann legte ein Gott einen dunklen Schatten in das Gemüt der Erdlinge. Sie wurden ängstlich, misstrauisch. Ihr Denken und Handeln richtete sich plötzlich gegen die eigene Mutter. Aus Emanzipation wurde Feindschaft, aus Selbstständigkeit Herrschsucht.

Sollten die "Gyges", die Erdgeborenen, aber irgendwann entdecken, dass weder die Mutter noch sie selbst an dieser Entfremdung schuld sind, werden sie auch darauf kommen, dass der Kuss von Mutter Erde, die geheimnisvolle Gaia-Energie, noch immer auf sie wartet, trotz allem.....

In einer moderneren Sprache könnten wir den dunklen Schatten als die Folgen jenes Knicks in der Evolution bezeichnen, der uns schlechter leben lässt als es uns von Natur aus zusteht. Der uns zu oft auf jenes fatale Null-Stadium hinab sinken lässt, in dem wir - ohne dass es uns eigentlich bewusst wird - immer mehr zu Robotern werden. Dabei entfernen wir uns mehr und mehr von jenem energiegeladenen, kreativen Menschen, den wir tief in unserem Innern ersehnen.

Denn wenn wir uns fragen, warum wir die einfachsten und natürlichsten Dinge auf der Welt kaum oder gar nicht kapieren, so bleibt als Antwort am Ende nur die völlige Entfremdung von der Natur. Und diese Entfremdung verdanken wir tatsächlich einem Schatten von "Oben", der uns unsere eigene "Natürlichkeit" zu bald vergessen ließ. Ob dies ein "erzieherischer" Gott ist, eine strenge Schule oder ob es Eltern sind, die das Denken eines Kindes nicht verstehen, spielt keine Rolle.

Immer ist es der zu frühe Eingriff der "Kultur" in den natürlichen Lauf der Dinge, der uns unsere kreatürliche Vergangenheit, unser Erdenkind-Sein, schnell und gründlich abgewöhnt.

Stellt man sich nämlich Gaia tatsächlich als eine intelligente vorausblickende Mutter vor, so wüsste sie sofort, warum wir so oft selbstzerstörerisch handeln. Ihre Erziehungs-Strategie für den Menschen hat eben ganz und gar nichts mit jenem kopflastigen Denken zu tun, das dem Körper und den Gefühlen immer wieder davon läuft.

Gaia zeichnete Muster auf Muster. Und sie tut dies auch bei dem Meisterplan für die menschliche Intelligenz, indem sie jeden Erdling die Evolution Schritt für Schritt nachvollziehen lässt.

Angefangen beim Urknall, den jede befruchtete Eizelle nachspielt bis hin zu den entwicklungsgeschichtlichen Stadien des Fötus im Mutterleib waren wir alle einmal alles: Kaulquappe und Fisch, Amphibie und Säugetier. Endlich auf der Welt, begannen wir die Evolution spielend nachzuvollziehen: Wir krochen auf dem Boden wie Krokodile. Wir versuchten uns wie kleine Äffchen aufzurichten.

Und kletterten - wenn wir das Glück hatten, Bäume zu finden - wie ausgewachsene Affen an ihnen herum.

Und würden wir Mutter Natur ein wenig länger zuhören, dann würden wir entdecken, dass sie eigentlich nicht mehr - aber auch nicht weniger - will, als dass jedes Menschenkind alle seine Möglichkeiten mit so viel Lust wie möglich kennenlernt.

Dazu gehört als erstes eine selbstsichere Beziehung zur Natur und zu unserem Körper. Dann jede Menge positive Gefühle. Und erst ab Zehn, Elf, Zwölf jenes "entwöhnende" abstrakt-rationale Denken, mit dem jedes Kind viel zu früh konfrontiert wird.

Lassen Sie für einen kurzen Augenblick jenes Kind aufleben, das Sie mit zwei, drei Jahren waren! Sie sitzen in einem Sandkasten und bauen hingebungsvoll eine Burg. Versuchen Sie sich so gut wie möglich in solch eine Situation hinein zu versetzen: nur Sie existieren!

Wichtig ist nichts anderes als der Sand und Ihre winzigen Hände. In diesem Augenblick spielen Sie das uralte Gaia-Spiel: aus dem alten Chaos, schafft das Kind etwas nach seinem Bilde.

Dieses Bild ist aber beileibe nicht das Bild, das wir vermuten. Denn das Kind ist noch sehr klein, es hat keine Bilder von Burgen im Kopf.

Dafür steckt hinter ihm ein ungeheurer Antrieb, ein Wille, den es von der Natur mitbekommt. Dieser Wille will die Hände bewegen, will Sand spüren, will zerstören und wieder aufbauen.

Falls es Ihnen gelingt, dieses "Innere Kind", das noch immer in Ihnen lebt, auch nur für kurze Zeit wieder zum Leben zu erwecken, dann erinnern Sie sich auch sofort daran, dass Sie damals eigentlich nicht viel überlegten; dass dabei ein unterirdisches und magisches Denken am Werk war, das Ihnen über den

Körper signalisierte, wann es Zeit war, etwas hinzuzufügen, etwas Neues anzufangen oder auch mit dem ganzen Bauwerk aufzuhören.

Tasten - Greifen - Fühlen: all das waren eigentlich Körper-Gedanken, mit denen wir langsam aber sicher in Richtung Kopf-Denken wanderten.

Aber während die Natur über den genetischen Code dieses Lernspiel mit einer Art unsichtbarer Zauberhand dirigierte, gab es sehr viel festere Hände, die allzu oft korrigierend eingriffen.

Hände, die immer alles besser wussten, die uns beibringen wollten, wie Burgen schneller und effektiver zu bauen waren. Es waren die Hände von wohlmeinenden Eltern, Geschwistern, oder Großeltern. Und auch an sie erinnern wir uns noch recht genau. Denn plötzlich war das Spielen nicht mehr ganz so aufregend wie von der Natur vorgesehen; plötzlich durften die Finger nicht mehr tun, was sie wollten. Man musste lehrreichen Worten lauschen. Zu allem wurde einem genau erklärt, was an der eigenen Burg eigentlich falsch war. Im Nu wandelte sich die Offenheit. Die Freude und der Spaß am Neuen machte einer völlig neuen Erfahrung Platz: in unsere Körper zogen erstmals Widerstand, Angst und Ärger ein.

Sandkastenspiele waren dabei zumeist nur der Anfang. Der so gut gemeinte und so schädliche Knick in der Evolution zog sich weiter durch unser ganzes Kinderleben.

Wer durfte je ohne "Wenn" und "Aber" auf Abenteuer in die Natur ziehen? Wer lernte bei wunderschönen Märchen ungestört seine eigenen Gefühle kennen? Wer wurde als Kind je ernst genommen, wenn sich ihm die Dinge der Natur in den fantasievollsten Gestalten offenbarten? Wie oft wurde uns diese Kommunikation mit Mutter Erde als kindliche Lächerlichkeit flugs abgewürgt?

WIDERSTAND UND ANGST: DER SCHATTEN ÜBER UNS ALLEN

Erinnern Sie sich nur ein klein wenig an das verwirrte, wütende und zugleich ängstliche Kind, das jeder von uns in solch einer Situation einmal war. Und Sie haben den besten Beweis dafür, warum Widerstand und Angst das häufigste Grundsatzprogramm der Menschheit darstellt. Vor allem aber auch, warum immer wieder ein riesiger Schatten auf unsere Beziehung zu Mutter Natur fällt.

Diesen Schatten und die inzwischen noch misslungene Familiengeschichte von Gaia gilt es zu verstehen. Nicht nur, um endlich eine andere Beziehung zur Erde zu bekommen, sondern vor allem, um zu den Menschen zu werden, die wir sein könnten. Denn nicht nur Gaia sieht für uns eine Art Höhepunkt-Denken vor - auch die meisten großen Zukunfts-Denker peilen ein rundherum glückliches und geniales "Plus-Vier" an. So sah etwa der Kulturphilosoph Jean Gebser die Krönung des magischen, mythischen und des mental-rationalen Zeitalters in jenem integralen Bewusstsein, das auch die Verfechter des Wassermann-Zeitalters herbeisehnen. Körperliches *okay*-Sein soll sich dabei mit gefühlsmäßigem vereinen, die besten Ideen kreieren und uns zu jenen ganzen Menschen werden lassen, die für sich und die Erde optimalste Lebendigkeit schaffen.

Dazu müssen wir jedoch zuerst die fatale Null überwinden. Jenes Roboter-Stadium, in dem wir uns maschinenhaft mit verstaubten Sinnen, verstaubten Gefühlen und verstaubtem Denken durch den Alltag schleppen.

Dabei sind es ironischer weise gerade Roboter, die uns helfen, das menschliche Denken genauer unter die Lupe zu nehmen. Vor einem halben Jahrhundert erblickte der Mensch nämlich nicht nur seinen Planeten aus einiger Entfernung. Er begann sich gleichzeitig auch ein wenig von sich selbst zu entfernen und dabei genauer zu betrachten. Auch hier waren es Maschinen, die dem Menschen halfen, erstmals unbeteiligter Zeuge zu sein. Wer Roboter und Computer bauen wollte, musste zuerst einmal genau beobachten, wie jenes menschliche Gehirn arbeitet, dem die Maschinen die Arbeit abnehmen sollten.

Man braucht sich ja nur einen Computer vorstellen! Grob gesprochen, besteht er aus vielen Schaltkreisen, aus der Zentraleinheit, auf der Unmengen von Informationen gespeichert sind, aus einer Eingabevorrichtung und einem Ausführgerät.

Ein Ein-Bit-Schaltkreis kann jeweils nur eine Tätigkeit ausüben. Aber die Fähigkeit der „denkenden Maschinen" erhöht sich durch das Hinzufügen von neuen Bits. So wird aus dem Ein-Bit-Schaltkreis ein Mega-oder gar Tera-System und dieses Mehr-Denken gleicht der Art und Weise, in der Sie als Kind Laufen, Sprechen und vieles andere mehr lernten.

Kaum jemand aber macht sich dabei klar, dass die Art und Weise, wie mit neuen Informationen umgegangen wird, ebenso wie bei einem Computer von dem anfänglich gespeicherten Grundsatzprogramm abhängt. Alle unsere Vorlieben und Abneigungen, die Art und Weise wie wir mit Menschen umgehen, vor allem aber auch unsere ganz persönliche Lebendigkeit hängt von Erinnerungen ab, die in dem "Betriebssystem" gespeichert sind.

Im Klartext bedeutet dies, dass unser Denken und unser Handeln nur so gut sein können, so gut unsere körperliche und gefühlsmäßige Grund-Sicherheit ist.

Und diese ist leider in den meisten Fällen schlechter als uns lieb ist.

Dies nicht nur, weil wir uns zu viel stressen und zu oft falsche Energien aufnehmen, sondern vor allem deswegen, weil wir echte Sicherheit nie richtig kennengelernt haben. Lehnen Sie sich einmal einen Augenblick gemütlich zurück und versuchen Sie sich zu erinnern, wann Sie sich zuletzt so rundherum glücklich und zufrieden gefühlt haben. Die meisten Leute denken dabei an Sex. Für viele ist dies wohl tatsächlich die einzige Möglichkeit, ein wenig aus dem eigenem Kopf und dem eigenen Denken "auszuwandern" und sich ganz in "Körper und Gefühl" zu aalen. Die wenigsten kommen dabei darauf, dass uns eigentlich ein ähnliches Wohlgefühl, quasi ein „sexter" Sinn, in allen Bereichen des Lebens zustehen könnte.

Was wäre, wenn wir genussvoll zu denken gelernt hätten? Wenn unser Geschäftsleben ein wenig erotischer wäre? Warum essen wir nicht um einiges genüsslicher? Die Antwort darauf ist einfach: wir sind immer auf dem Sprung!

Und genau dieser Sprung hat auch etwas mit dem "Sprung", dem Bruch in unserer Entwicklung zu tun. Irgendwann einmal, in einer Sandkiste, in einem Kindergarten, einer Schule - wahrscheinlich in allem zusammen - durften wir nicht "ganz" sein. Durften nicht das ganzheitliche Lernen der Natur nachvollziehen und seitdem zieht sich eben dieser Sprung durch unser ganzes Leben.

EIN FAMILIENZWIST, DER AUCH DIE WISSENSCHAFT SPALTET

Genau genommen ist der Familienzwist im Hause Gaia, der Zusammenprall zwischen dem Lernen durch Erfahrung und dem Lernen durch Vernunft, schon immer das Hauptthema jeder Art von Pädagogik. Auf den Punkt gebracht, geht es darum, ob wir das reiche und so vielversprechende Land der Kindheit als einen natürlichen Garten betrachten. Oder aber als eine Bonsai-Kultur, die obgleich hübsch anzuschauen, nichtsdestoweniger das Ergebnis einer "zivilisatorischen Verkrüppelung" ist. Der

Streit darüber ist nicht neu. So war schon 1693 der Philosoph John Lock der Meinung, die Kindheit sei jenes unbeschriebene Blatt, auf das eine Gesellschaft ihre besten Wertvorstellungen malen könne. Ihm widersetzte sich als erster der französische Philosoph Jean-Jacques Rousseau, der vom edlen Wilden träumte und Lesen als eine Geißel der Kindheit bezeichnete. In Rousseaus Fußstapfen traten später berühmte Ärzte und Psychologen.

So zeigte etwa Maria Montessori anhand ihrer Experimente mit Arbeiterkindern in Rom, dass die Intelligenz eines Kindes sprunghaft ansteigt, wenn man das Kind so viel wie möglich selbst verrichten und "erfahren" lässt. Ihr folgten die verschiedensten Formen der Erlebnispädagogik, die alle ebenso wie Maria Montessori davon ausgingen, dass die eigentlichen Lehrer die Kinder sind.

Für eine mögliche Annäherung der verschiedenen Standpunkte sorgten dann jene Wissenschaftler, die beiden Seiten in gewissem Sinne recht gaben und für einen Naturgarten plädierten, den der Gärtner nur dazu betritt, um natürliches Wachstum in die richtigen Bahnen zu lenken.

So ortete als einer der ersten der Schweizer Psychologe Jean Piaget einen genetischen Plan, der die kindliche Entwicklung bestimmt und den es zu verstehen und zu unterstützen gilt. Ihm schloss sich der amerikanische Pädagoge Joseph Chilton Pearce an, der den Grund des pädagogischen Zwistes in einem falschen Verständnis von Intelligenz sah. Für ihn entstand diese nicht durch das Hineinschütten von Wissen in ein Kind, sondern dadurch, dass sich dieses sein Wissen von der Welt kontinuierlich aufbauen kann.

In dem Buch "The magical child" wies er darauf hin, dass wir uns den Weg zur besten Art des Denkens, zum Denken über das Denken, dadurch versperren, dass kindliche Körper-und Gefühlsprogramme von zu frühem Denken gestört werden.

Ihm pflichteten vor allem Gehirnforscher und Biologen bei. Darunter der österreichische Erkenntnistheoretiker Rupert Riedl, der in Werken wie "Biologie der Erkenntnis" und "Evolution und Erkenntnis" immer wieder den viel zu wenig beachteten Bruch zwischen naturgegebenem genetischem und kulturell bedingtem Lernen zum Thema machte.

Der Knick in der Evolution ist also durchaus längst erkannt. Wie bei vielen "lebensnotwendigen" Erkenntnissen wurden jedoch bis heute kaum Konsequenzen daraus gezogen.

Dabei wäre nichts dringender, als dass immer mehr Menschen die Existenz dieser Bruchstelle begreifen. Erst dann können wir in Richtung jener Lebendigkeit marschieren, die uns als "ganzen" Menschen zusteht.

Geschaffen von Gaia-Energie, beflügelt und umgeben von Gaia-*power* könnten wir ein Leben zur höchsten Potenz führen. Die Stadien "Plus-Eins", "Plus-Zwei", Plus-Drei" und "Plus-Vier", körperliches *okay*-Sein, *happy*-Sein und Genialität würden uns tatsächlich jenes prickelnde und intensive Lebensgefühl von "Plus-Vier" verschaffen, das uns ganz und *high* macht, wenn alles, aber auch alles stimmt.

Also gilt es zuerst einmal jenen dicken Panzer abzubauen, den wir uns in der Kindheit als Schutz zulegen: alle die Puffer namens Angst, Wut und Widerstand. Und ansatzweise tun wir dies auch schon seit geraumer Zeit.

Alle die verschiedenen Psychotherapien, alle Lebenshilfebücher, alle Körpertherapien sind ebenso wie die Übungen in diesem Buch ein Versuch, die Lebendigkeit wiederzuentdecken, die man uns einst abgewöhnt hat.

EVOLUTIONS-SPIELE

Einübung in die Sinne: Ein Tag zum Schnuppern

Von der berühmten Anthropologin Margaret Mead hieß es, sie verdanke ihr bemerkenswertes Gedächtnis ihrer Mutter, die sie immer wieder dazu ermunterte, ihre Sinne zu gebrauchen.

Und tatsächlich beweisen uns heute die verschiedensten pädagogischen Richtungen, dass wir umso besser denken und fühlen, je besser wir als Kind gelernt haben, mit unseren Sinnen umzugehen. Aber was sagen uns Erwachsenen eigentlich noch unsere Sinne? Wie gut können wir uns daran erinnern, wie köstlich es war, sich als Kind den Sand durch die Finger rieseln zu lassen?

Wann haben wir das letzte Mal so richtig bewusst geschnuppert, etwas ausgiebigst verkostet, ertastet? Wann haben wir das letzte Mal so richtig unsere Augen und Ohren aufgemacht und nur gesehen oder nur aufmerksam zugehört?

Aus den sinnenfreudigen Kindern, die wir alle einmal waren, sind ziemlich sinnes-unlustige Menschen geworden.

Wir schnuppern höchstens noch aufmerksam an neuen Parfums und genießen dann und wann ein ebenso teures wie erlesenes Mal. Ansonsten gehen wir als Sinnes-Muffel durch die Welt.

Aber gerade unsere Sinne sind es, die das Bindeglied zwischen unserem Körper, unseren Gefühlen und unserem Denken sind. Wenn wir an einen Wald denken, wird dieser bei weitem nicht so lebendig, als wenn wir uns an den Geruch von Tannennadeln erinnern. Mit Hilfe unserer Sinne können wir in Sekundenschnelle durch die Zeit reisen, können in längst verlassen geglaubten Räumen herum spazieren. Vor allem können wir mit ihrer Unterstützung unsere Welt um einiges lebendiger machen. Versuchen Sie es einmal und reaktivieren Sie eines der ursprünglichsten Sinnesorgane: die Nase!

Erinnern Sie sich daran, wie gern Sie als Kind an Blumen gerochen haben? Dann machen Sie es diesem Kind nach: Gönnen Sie sich einen Schnuppertag - vielleicht sogar ein Schnupper-Wochenende!

Wenn Sie morgens aufwachen, öffnen Sie nicht sofort Ihre Augen, sondern versuchen Sie, sich nur auf Ihre Nase zu konzentrieren. Riechen Sie an Ihrer Bettdecke, an Ihren Armen, zur Abwechslung einmal auch an noch nicht deodorierten Achselhöhlen!

Schnuppern Sie den Kaffee-Duft, der vielleicht schon aus der Küche kommt, oder stellen Sie sich den nicht ganz so intensiv riechenden Geruch des Tees vor, den Sie bald trinken werden.

Wie schnell wir alle wieder in das Reich der Gerüche gelangen, werden Sie schon beim Lesen dieser Zeilen entdecken: Man muss nicht unbedingt eine Naturbegabung in Sachen Riechen sein, um den morgendlichen Kaffee schon jetzt in der Nase zu spüren. Allerdings sollte man nicht bei so einfachen Dingen wie dem Geruch der gerösteten Bohnen stehen bleiben. Riechen Sie auch den Duft von frischem Gebäck oder Brot, vielleicht auch noch den Geruch von gebratenen Spiegeleiern. Dann stehen Sie auf und riechen einen Baum vor dem Fenster oder auch den Geruch der Blumenstöcke in Ihrer Wohnung.

Mit ein wenig Übung werden Sie während des Tages eine breite Geruchs-Palette entdecken. Begehen Sie dabei aber nicht den Fehler, Gerüche von vornherein zu bewerten und nur gute oder schlechte Düfte zur Kenntnis zu nehmen.

Riechen Sie einfach vorbehaltlos und Sie werden entdecken, dass Duftnoten, die Sie vielleicht bis heute für unangenehm hielten, in Wirklichkeit gar nicht so übel sind. Dagegen werden manche parfümierte Dinge nach einem Schnupper-Tag nicht mehr ganz so verführerisch duften.

Nehmen Sie diese Erfahrung mit in Ihren zukünftigen Alltag: Spielen Sie mit Gerüchen! Bleiben Sie aber nicht nur bei speziellen Düften, etwa dem von Blumen oder dem von Fabrikschloten stehen. Riechen Sie auch die Dinge dazwischen: etwa den Geruch eines laufenden Fernsehers oder den Geruch dieses Buches.

Mit ein wenig Übung können Sie dann auch beginnen "Natur pur" zu riechen: Erdbeeren, die in einem Garten oder in einem Wald herangereift sind. Tomaten, die Sie in einem Topf auf Ihrem Balkon ziehen. Brot aus Vollkorngetreide, frische Landbutter, Käse oder Rahm, die aus einem Bio-Laden stammen. Denn wenn Sie einmal beginnen, "Natur plus" zu erschnuppern, werden Sie sofort auch den Unterschied zu Gerüchen bemerken, die auf der Skala im Minus angesiedelt sind.

Der verschrumpelteste Apfel aus einem kleinen Garten ist nämlich ein Geruchsspender sondergleichen, sobald man ihn mit dem Nicht-Geruch jener Äpfel vergleicht, die uns lackiert und überspritzt entgegen glänzen.

Hat Ihre Nase dies einmal so richtig schön errochen, schauen Sie sich vielleicht sehr schnell nach einer Liste von Bio-Bauern in Ihrer Nähe um. Vielleicht schaffen Sie es auch, sich Ihren eigenen biologischen Obstlieferanten zu besorgen.

Und wenn Sie in Zukunft wieder einmal ganz bewusst schnuppern, beobachten Sie auch Ihren Atem. Halten Sie sich dabei möglichst gerade und atmen Sie beim Riechen tief ein. Dann atmen Sie den Duft, den sie gerade "inhaliert" haben, wiederum so vollständig wie möglich aus. So als ob Sie dem Gegenstand, dem Sie gerade etwas Gaia-Energie entliehen haben, wieder etwas zurückgeben wollten.

ENERGIE-VAMPIRE SIND WIR ALLE

Genau genommen können wir uns heute sogar ein wenig auf die Schulter klopfen. Wir sind wahrscheinlich in der Geschichte der Menschheit die erste Generation, die bereit ist, bewusst die eigene Persönlichkeit zu verändern! Die nicht nur jammert und klagt, sondern zumindest versucht, sich einmal hinter sich zu stellen, sich wie die Erde aus der Ferne zu betrachten und mögliche Verbesserungen in Betracht zu ziehen.

Wenn wir uns daher fragen, warum wir trotzdem immer wieder ins gleichgültige Roboter-Dasein verfallen, in die Dumpfheit der "Minus-Eins", in die Depression der "Minus-Zwei", in die Müdigkeit der "Minus-Drei" oder gar in die totale Erschöpfung der "Minus-Vier", dann müssen wir auch dem zweiten Gesetz der Gaia-Energie tapfer ins Auge schauen.

Während nämlich das erste Gesetz mit der Plus-Skala arbeitet und sich mit seinem so wunderschön klingenden "Lebendigkeit zieht Lebendigkeit an! " beinahe wie Weihnachten anhört, macht uns das zweite zu Dieben, die im Bereichen der Minus-Skala auf Jagd gehen.

Es erzählt uns etwas, das sich auf den ersten Blick völlig verrückt anhört: Nicht nur der Panzer ist schuld, dass wir uns nicht mit hohen *vibes* auftanken - wir verpassen sie auch deswegen, weil wir ununterbrochen auf der Suche nach falschen *vibes* sind.

Falls Ihnen dies völlig obskur vorkommt, lehnen Sie sich entspannt in Ihrem Sessel zurück und denken Sie noch einmal an die Zeit, als Sie im Sand spielten.

Damals entstand nicht nur der erste große Widerstand, es entstand auch jenes fatale Programm, das uns zu Energie-Vampiren macht. In Ihrer Sandkiste, beabsichtigten Sie nichts anderes, als Ihr eigener "Meister" zu sein und Ihr persönliches kleines Weltbild zu schaffen. Das ist uns allen nie gelungen, weil wir uns immer in den Augen von Erwachsenen beweisen mussten. Wir bauten "ihre" Burgen, kämpften um ihre Liebe und Zuneigung. Unsere Abenteuer liefen nach ihren Regeln ab. Statt dem eigenen Erfolg besorgten wir uns stets den Erfolg in den Augen von anderen. Und genau auf dieselbe Art und Weise holen wir uns ein Leben lang die Energie von anderen anstatt die eigenen Generatoren auf Touren zu bringen.

Der Bruch auf der Skala der Lebendigkeit hat es also in sich:

Da können wir zuerst unsere natürliche *power* nicht ausleben, weil wir häufig dann zurückgepfiffen werden, wenn es gerade am meisten Spaß macht. Und dann ziehen wir auf der ständigen unbewussten Suche nach dieser ursprünglichen Lebendigkeit auch noch die falschen Energien an. Sobald wir nämlich unseren natürlichen Entwicklungspfad auf der Plus-Skala verlassen, rutschen wir fatalerweise ziemlich schnell und immer tiefer in die Minus-Skala ab. Auf der chronischen Suche nach Ersatzenergien merken wir dabei gar nicht mehr, dass wir Fusel im Champagnerglas haben.

Haben Sie sich jemals gefragt, warum viele Menschen sich beispielsweise Energie und Lebendigkeit von hochtourigen Autos versprechen? Warum manche überdimensional viel Wert auf Schmuck oder tolle Möbel legen?

Wir besorgen uns aber sogar unlebendige Energien dort, wo es auf den ersten Blick gar nicht so aussieht: wir holen in unsere Wohnungen, Häuser und Gärten die ausgefallensten Schöpfungen der Natur: Möbelarten und Kunsthandwerk, das meist zu weit transportiert wird. Und das oft nicht nur, weil wir in einer angenehmen Umgebung leben wollen, sondern weil es Mode ist.

Und weil wir von anderen hören wollen, dass wir es schön haben, selbst dann, wenn es eine Lüge ist. Wir kultivieren, hegen und pflegen Pflanzen aus aller Welt in einer Zimmerecke und denken, das sei nun ein Stück Natur und wir selbst das, was man gemeinhin "Pflanzenliebhaber" nennt.

Wir kaufen Blumengestecke, die unsere Verbundenheit mit der Natur beweisen sollen und die in Energie vergeudenden Gewächshäusern heranwachsen.

Wir haben ein übertriebenes Faible für Haustiere und kompensieren damit, was uns sonst an Beziehungswärme fehlt. Wir pflegen unsere Standard-Symbole und schielen dabei insgeheim nach dem anerkennenden Blick, der unser Ego streichelt. Wir geben uns nächstenliebend und zehren an unserer scheinbaren Aufopferung....

Es gibt kaum eine Handlung im alltäglichen Leben, die sich, wenn man ehrlich ist, am Ende nicht als das entpuppt was es ist: Die mehr oder weniger harmlose und gleichzeitig mehr oder weniger unheilvolle Verknüpfung des Widerstandsprogramms mit dem notorischen Zwang, sich Ersatz für brach liegende Lebensenergien zu beschaffen.

So schwanken wir zu oft zwischen dem negativen alten "Betriebssystem" und einer völlig neuen Software, die uns mit echter Lebendigkeit versorgen könnte, hin und her. Wir alle wollen ja eine bessere und schönere Umwelt, sind aber im Alltag hin-und hergerissen zwischen alten Gewohnheiten und neuen Vorlieben. Viele dieser Vorlieben, viele unserer Moden, sind der Umwelt und uns nicht gerade dienlich.

Aber solange wir nicht ein Gefühl dafür bekommen, wie wir direkt an Gaia-Energie herankommen, werden wir uns auf der unbewussten Suche nach Ersatz immer wieder verlaufen.

Die einzige Möglichkeit, das zu verhindern, liegt darin, sich klar vor Augen zu halten, warum wir eigentlich immer wieder uns und der Erde schaden. Dass wir nämlich deswegen ununterbrochen fremde Energie stehlen, weil wir nie lernen durften, die Gaia-*power* auf natürlichstem Weg zu gewinnen.

EVOLUTIONS-SPIELE

Die Weisheit unseres Körpers

Bevor wir beginnen, die Zusammenhänge des Universums außerhalb von uns und den Hintergrund unserer zwischenmenschlichen Beziehungen zu durchschauen, kann es nicht schaden, zuerst einmal das Universum in uns zu betrachten.

Auf die Spuren der natürlichen Weisheit von Gaia gelangen wir nämlich nur dann, wenn wir uns dem "Prinzip Leben" von allen Seiten nähern.

Dabei entpuppt sich unser innerer Kosmos als ebenso geheimnisvoll und faszinierend wie die Erde und ihr Umfeld. Wir nehmen diese Wunder unserer physischen Innenwelt in der Regel als eine nicht beachtenswerte Selbstverständlichkeit hin.

Eine meditative Reise durch den Kosmos unseres Körpers kann uns aber helfen, ein Gefühl für die vielfältigen Verbindungslinien zwischen uns und dem Planeten zu bekommen. Eine Ahnung davon, was es bedeutet zu sagen: Wir tragen eine ganze Welt in uns!

Zur Einstimmung erinnern Sie sich noch einmal an die Gaia-Meditation! Falls Sie sich die blaue Kugel in Ihrem Zentrum in letzter Zeit öfter vorgestellt haben, wissen Sie längst wie entspannend die Wirkung dieses Mini-Planeten sein kann.

Und falls Sie es schaffen, die beruhigende blaue Farbe und das Ein- und Ausatmen von Gaia fünf Minuten lang zu genießen, braucht Ihnen auch niemand mehr etwas über Gaia-Energie zu erzählen.

Gelingt die Gaia-Meditation jedoch noch nicht so spielend, dann üben Sie sich jetzt wieder ein wenig in dieses entspannende Gefühl ein. Es wird Sie nicht nur total relaxen, die Vorstellung, den Makrokosmos in sich zu tragen, bereitet auch auf eine Reise durch den eigenen Mikrokosmos besser vor als alles andere.

Wenn Sie völlig ausgeruht sind, übersiedeln Sie wieder einmal aus Ihrer Mitte in Ihren Kopf und stellen sich vor, Sie wären ein Blutkörperchen, also ein winziges Pünktchen, mit dessen Hilfe Sie ungestört durch den ganzen Körper fahren können.

Fangen Sie direkt unter der Kopfhaut an, mitten in einem Gestrüpp feinster Haarwurzeln. Versuchen Sie sich vorzustellen, welchen Schutz Ihnen die Haare nicht nur auf dem Kopf, sondern am ganzen Körper geben. Sie dienen als Wärmevorsorge, zum Fühlen und als sekundäres Geschlechtsmerkmal. Versuchen Sie, Vergleiche herzustellen mit Wäldern, Wiesen, Pflanzen.

Einen ähnlichen Schutz bieten uns die ungezählten Zellen unserer Haut, die vielmehr ist, als eine bloße Hülle. Ähnlich wie die einzelnen Elemente der Erdoberfläche stehen die Hautzellen in ständiger Wechselwirkung mit der Umwelt und reagieren empfindlich, wenn auch oft unbemerkt von uns, auf die kleinste Störung. Sie nehmen Eindrücke aus der Außenwelt auf und leiten sie weiter in das Innere unseres Körpers, an das "Gesamtsystem Mensch“, das mit entsprechenden Maßnahmen allfällige Störungen abwehrt oder auch positiv reagiert.

Fahren Sie mit Ihrem ungewöhnlichen Gefährt weiter, werden Sie sich der schützenden Schädeldecke über dem Gehirn bewusst, und tauchen Sie nun ein, mitten in das Labyrinth Ihrer grauen Zellen. Beobachten Sie, wie die vielen Falten, die das Gehirn bilden, wie riesige Wolkenkratzer über Ihrem kleinen und zerbrechlichen Fahrzeug aufragen. Meditieren Sie darüber, welch grandiose Leistungen in dieser Gehirn-Landschaft vollbracht werden. Ständig zucken elektrische Entladungen von einem Ende zum anderen, Botenstoffe kommen und gehen, docken an Nervenzellen an, laden Informationen aus sämtlichen Körperteilen und Organen ab oder nehmen Informationen auf.

Wenn Sie dann weiterfahren, begleiten Sie ungezählte Nachrichten vom Gehirn an die Muskeln, während ebenso viele Meldungen vom Körper an das Gehirn weitergeleitet werden. Aber es ist ein fragiles System. Sobald manche dieser Bahnen nur ein wenig versperrt oder durch Verkrampfungen schwer durchlässig sind, funktioniert nichts mehr optimal. Das Gehirn bekommt nicht mehr genug Meldungen - andererseits gelangen verstümmelte Botschaften vom Gehirn zum Körper. Das Resultat kann man sich leicht vorstellen.

Setzen Sie nun langsam Ihre Reise fort zu den Augen. Sie sind im wahrsten Sinne des Wortes die "Fenster" zur Außenwelt, die einzigen äußeren Organe, die unmittelbar mit der Schaltzentrale Gehirn verbunden sind. Wandern Sie weiter zu den Ohren, zur Nase und der Zunge. Versuchen Sie sich die Vielfalt der Eindrücke vorzustellen, die, von unserem Bewusstsein niemals wahrgenommen, von diesen Organen jedoch ständig zur weiteren Bearbeitung weitergeleitet werden.

Dann machen Sie sich bewusst, dass alle unsere Sinnesorgane letzten Endes nur entsprechend der vorhandenen Matrix funktionieren. Das heißt, dass unser Gehirn alle Meldungen, die ihm von den Sinnen zugeschickt werden, mit ähnlichen, bereits gespeicherten Informationen vergleicht.

Um es mit Goethe zusagen: Wär´ das Aug nicht sonnenhaft, könnten wir die Sonne nicht sehen. Oder ganz einfach: Hätten wir das Bild der Sonne nicht in unserem Gehirn gespeichert, könnten wir nichts mit einem Bild von der Sonne anfangen. Das Bild, das wir uns heute von der Sonne machen, beeinflusst das Bild, das wir morgen von der Sonne "sehen".

Das gilt für alle Sinneseindrücke und für alle Gefühle. Wir können also alle um einiges besser sehen, riechen, schmecken, empfinden und fühlen, wenn wir beginnen, unsere Sinnesorgane neu zu gebrauchen. Das wirkt sich auch auf die nächste Station unseres Ausflugs aus. Durch die Speiseröhre geht es nämlich hinab in den Magen, der mit allem fertig werden muss, was wir an schlechter oder schlecht zerkauter

Nahrung zumeist völlig lieblos in uns hineinschlingen. Nehmen Sie sich vor, ihn in Zukunft zu einem weniger stressigen Ort zu machen. Dann ziehen Sie durch einen Schlauch aus sich rhythmisch zusammenziehenden und so gleichzeitig verdauenden Muskeln zum Zwölffingerdarm, zur Galle und Bauchspeicheldrüse weiter. Dort können Sie beobachten, wie das Fett in winzig kleine Fetttröpfchen verteilt wird, um dann vom Verdauungssaft zerlegt zu werden. Diese kleinsten Überreste unserer Mahlzeiten werden im Dünndarm noch einmal zerlegt und später durch die Darmwand ins Blut aufgenommen.

Damit gelangen auch wir mit unserem Blutkörperchen in den Blutkreislauf und können beobachten, wie Nährstoffe zu den Geweben transportiert werden, während Ballaststoffe direkt zur Verdauung in den Dickdarm gelangen. Eine ebenso genau aufeinander abgestimmte Arbeit geschieht in den chemischen Fabriken Nieren und Leber, diesen wahren Wunderwerken "biologischer Technik".

Bleiben wir mit unserem Gefährt noch einen Augenblick im System des Blutkreislaufs. Beobachten wir, mit welcher Raffinesse hier weiße Blutkörperchen über unsere Gesundheit wachen: Wie Eindringlinge, Viren, Bakterien, Radikale dingfest gemacht und eliminiert werden.

Reisen wir schließlich an den Knochen, Venen und Arterien vorbei zu unseren Fußsohlen, dem Ende unserer Exkursion: Dort finden wir eine Art Neurogramm, eine Widerspiegelung des ganzen Körpers vor, ein energetisches Notizbuch, in dem jedwede Störung ihre Entsprechung findet.

Dieses fantastische System "Körper" funktioniert so gut, so gut und ungehindert alle Prozesse in ihm ablaufen. Ebenso wie das System Gaia hat es nämlich seine eigene Weisheit. Mit deren Hilfe werden viele unserer „Sünden" bis zu einem gewissen Grad „weggebügelt".

Und all dies geschieht dank jenes Ur-Potentials an Lebendigkeit, das von Gaia für alles Leben auf diesem Planeten vorgesehen ist.

Machen Sie deswegen jetzt einen weiteren Versuch! Lassen Sie Gaia-Energie einfach einmal nur zu! Strecken Sie genussvoll alle "Vier" von sich und stellen Sie sich vor, dass die Gaia-Energie nicht nur in Ihnen wirkt, sondern dass Sie auch tatsächlich von Gaia-Energie umgeben sind! Lassen Sie sich hineinfallen, vorbehaltlos, ohne "Wenn und Aber".

Sie können dies ohne jedes Hilfsmittel tun! Sollte es Ihnen aber leichter fallen, imaginieren Sie zuerst den blauen Energie-Ball in ihrer Mitte und atmen Sie eine Weile im Einklang mit ihm. Dann lassen Sie ihn ganz langsam immer größer werden - solange bis er Sie wie eine schützende und energetisierende Hülle umgibt.

Jetzt sind Sie im Zentrum. Jetzt können sie ganz einfach nur s e i n, so wie Sie es schon einmal waren, als Kind. Als Erdling, der in seiner Mitte ruhte und aus der Mitte der Erde die besten Energien atmete. Damals fühlten Sie sich beschützt und Ihrer natürlichen Kreativität waren keine Grenzen gesetzt. Ohne Angst schufen Sie sich Ihr eigenes Universum.

Genau dieses uralte, dreifache Gaia-Spiel müssen wir heute für uns Erwachsene bewusst wiederentdecken: Energie sammeln - Energie speichern - und sie in neue, lebendigere Energie umwandeln. Dann kommen wir zur echten Gaia-Energie zurück.

EIN LEBEWESEN NAMENS ERDE

Vielleicht ist es kein Zufall, dass sich die Erde gerade heute als organisches und vielseitiges Wesen zu zeigen beginnt. So wie es kein Zufall ist, dass gleichzeitig alte Mythen wieder lebendig werden. Erinnerungen an "Goldene Zeitalter", an Apokalypsen und Strafe aber auch auf Hoffnung auf Rettung.

Nahezu gleichzeitig tauchen auch die alten Prophezeiungen der Urbevölkerung auf, die eine Periode weltweiter Zerstörungen vorhersagen. Als Folge der Gier, der Arroganz und des Fehlens jeden Gefühls für die Zusammenhänge zwischen Mensch und Erde. Wenn wir doch noch etwas für den Planeten tun können, so wird uns gesagt, dann liegt Hoffnung einzig und allein darin, dass wir ein grundlegend neues Verständnis für unsere Rolle als seine Bewohner bekommen.

Freilich, es ist gar nicht so einfach, sich ein Bild von der Erde als lebenden Organismus zu machen. Selbst die logischste Darstellung dessen, was das Wesen einer solch lebendigen Einheit ausmacht, hilft zunächst der Vorstellungskraft nicht besonders auf die Sprünge. Aber wie die moderne Physik sagt: Alles ist anders als wir es wahrzunehmen glauben.

Und das wiederum ist eine Frage der Dimensionen.

Ein Beispiel sind die Bakterien. Wir sehen sie nicht, wir nehmen sie nicht wahr; sie machen sich höchstens bemerkbar, wenn eine Bakterienart unser ökologisches Gleichgewicht durcheinander bringt. Aber dies tun die wenigsten. Denn ein Schmarotzer ist ein schlechter Schmarotzer, wenn er seinen Wirt umbringt. Die meisten Bakterien brauchen wir sogar, um zu leben.

Beispielsweise würden ohne sie die Pflanzen bei ihrer Photosynthese alles Kohlendioxyd in der Erdatmosphäre in feste Substanzen verwandeln. Schon in wenigen Jahren wären die wichtigsten Lebensformen auf der Erde ausgestorben. Die Bakterien bewahren uns vor dieser deprimierenden Aussicht, in dem sie die Bestandteile toter Pflanzen so aufschließen, dass das Kohlendioxid in die Atmosphäre zurückfließt. Stickstoffhaltige Chemikalien, die sonst in der toten Materie verschlossen blieben, werden wieder in den Boden abgegeben und damit anderen Pflanzen zugeführt. Dasselbe passiert auch in unserem Körper. Wir tun so, als würden wir unsere Nahrung ganz von selbst verdauen. Aber Magen und Eingeweide sind voll mit Bakterien, die dafür sorgen, dass die Verdauung überhaupt funktioniert. Tatsächlich braucht das Gesamtsystem Mensch die Bakterien und ist von ihnen abhängig. Für das Bakterium selbst aber ist der menschliche Magen bloß eine Umwelt mit den für sein kurzes Leben günstigsten Lebensbedingungen. Selbst wenn ein Bakterium, das die menschliche Verdauung fördert, über menschliche Intelligenz verfügte, würde das System Mensch ihm als eine unbegreifbare Dimension erscheinen. Und dies sowohl bezüglich der Größe als auch bezüglich der Zeit.

Ebenso schwierig ist es für uns, Bewegungsvorgänge in Bezug auf die Erde zu erkennen. Angenommen, unser Leben würde um das Tausendfache schneller ablaufen als normal, wären wir nur einen Monat auf der Welt. In diesem Monat hätten wir dann so viele Eindrücke zu verarbeiten, wie normalerweise in siebzig Jahren. Dann wären wir auch imstande, so viele Bilder pro Sekunde wahrzunehmen, dass selbst die raschesten Bewegungen für uns in extremer Zeitdehnung abliefen. Den Wechsel der Jahreszeiten würden wir gar nicht bemerken. Tage und Nächte wären halbe Ewigkeiten. Mond und Sonne stünden nahezu still.

Umgekehrt, bei der Verlängerung der Lebensdauer, liefe alles umso schneller ab: die umlaufende Sonne sähen wir nur als einen um die Erde gelegten leuchtenden Ring, den Wechsel von

Tag und Nacht würden wir höchstens als ein Flimmern von Licht zur Kenntnis nehmen.

Spielt man dieses Spiel für "Gaia" weiter und betrachtet den Planeten als lebendiges System, so käme der Rhythmus von Tag und Nacht dem Pulsschlag gleich.

Bei genügend Zeitraffung würde man erkennen, wie die Luft- und Meeresströmungen um die Erde herumwirbeln, um Nahrungsstoffe zuzuführen und Abfallstoffe davon zu tragen. Schließlich würde man beobachten können, wie Kontinente umher driften und Landschaften sich verändern.

Das bedeutet nichts anderes, als dass wir eben eine Vielzahl höchst dynamischer Vorgänge sowohl auf Erden als auch im Universum fälschlicherweise für statisch halten, obwohl sie in Wahrheit mit großer Geschwindigkeit vor sich gehen.

DAS FASZINIERENDE SPIEL DES LEBENS: MUSTER FOLGEN AUF MUSTER UND SCHAFFEN SO EINE HÖHERE ORDNUNG

Nicht wenige Biologen gehen daher davon aus, dass im Kosmos eine unvorhergesehene Fülle von Lebensvarianten herrscht, die menschlicher Erkenntnis nicht unmittelbar zugänglich sind.

Diese Vermutung wird auch von der Astronomie unterstützt. Nach ihr ist das Weltall eine ununterbrochene Aufeinanderfolge immer größerer Strukturen.

Das Muster auf Muster-Zeichnen kennt also keine Grenzen! Der österreichisch-amerikanische Biologe Ludwig v. Bertalanffy schilderte das Spiel des Lebens wissenschaftlich prägnant, wenn er meinte, dass sich immer wieder untergeordnete Systeme zu solchen höherer Ordnung zusammenschließen: Zellstrukturen zu Zellen, Zellen zu Geweben, Gewebe zu Organen. Daraus bilden sich vielzellige Organismen. Aus letzteren entwickeln sich schließlich überindividuelle Lebenseinheiten.

Das Lebendige tritt also häufig im Gewande des Unlebendigen auf. So widerspricht auch eine lebende Erde nicht im Geringsten einer Erde, die den Gesetzmäßigkeiten der Physik unterliegt - und trotzdem viel mehr ist als diese Gesetze. Denn wie Mensch, Tier und Pflanzenreich beweisen: was mit physikalischen Mitteln beschrieben werden kann, wird deshalb nicht unbedingt zur bloßen Physik. Die einzelne Körperzelle ist ein gutes Beispiel dafür, dass sich ein isolierter Teil des Organismus oft völlig anders verhält, als er dies im Zusammenhang mit dem Ganzen tut - und häufig zeigt auch das Ganze Eigenschaften, die seinen einzelnen Teilen fehlen.

So wird die menschliche Nierenzelle niemals die Funktion einer Gehirnzelle übernehmen und eine Zelle der linken Herzkammer wird niemals Magensäure produzieren. Und doch ist jede einzelne dieser Zellen eine Zelle des Gesamtsystems Mensch und trägt dazu bei, dass die optimalen Bedingungen aufrechterhalten werden.

Genau diese Aufrechterhaltung der besten Ordnung ist nach dem Stufenbau zweifellos das zweitwichtigste Prinzip, das allen lebenden Systemen gemeinsam ist. Homöostase nannte schon 1932 Walter Cannon diesen Sachverhalt. Und noch heute staunt man darüber, dass Organismen ihr inneres Milieu immer wieder konstant zu halten trachten.

Die moderne Gaia-These spricht dabei von einer natürlichen Intelligenz, die die Fragen nach der Umwelt eines Systems und vor allem die Fragen nach dem Überleben richtig zu beantworten weiß.

Lovelock selbst sieht etwa "Gaia" als eine Art Steuerungssystem an, nicht unähnlich dem Thermostat eines Bügeleisens. Wir bezeichnen es in diesem Buch als jenen Lebendigkeitsfaktor, der unsichtbar und bis heute auch oft unerkannt in allem Lebendigen wirkt. In unserem Körper funktioniert dies etwa dadurch, dass die Organe perfekt zusammenspielen, die Körpertemperatur konstant ist, rote und weiße Blutkörperchen ebenso abgestimmt sind wie der Säure-Salz-und Wasserhaushalt. Der Körper schwitzt nicht rein zufällig, wenn er erhitzt ist. Er reagiert auch nicht rein zufällig mit Schüttelfrost, wenn er unterkühlt ist. Er atmet automatisch tiefer, wenn der Sauerstoffbedarf etwa durch Bewegung steigt. Und er schläft ein, wenn er Ruhe braucht.

Gaia, die Erde, beweist seit ihrem Bestehen dieselbe Intelligenz: sie hält eine Durchschnittstemperatur aufrecht, die dem gesamten Leben auf der Erdoberfläche förderlich ist; sie reguliert den Salzgehalt der Meere und stabilisiert den Sauerstoffgehalt der Atmosphäre.

Gleich einem gigantischen Dynamo erzeugt die Erde durch Wirbelströme im Erdmantel aber auch ihre eigene Bioelektrik und baut sich so ein wirksames Schutzschild gegen schädliche äußere Einflüsse auf: Das Magnetfeld der Erde, das das Leben auf dem Planeten vor allem vor jenen tödlichen atomaren Teilchen schützt, die von der Sonne ständig in den Weltraum geschleudert werden.

Gleichzeitig aber wiederum ist es der "Sonnenwind", die von der Sonne ausgehende sogenannte "korpuskulare Strahlung" aus schnellen Atomen und Elektronen, die um die Erde einen weiteren schützenden, kugelrunden Schutzmantel aus ionisierendem Wasserstoffgas legt.

Es gebe auf unserem Planeten nämlich überhaupt kein Leben, wäre die Erde unmittelbar der kosmischen Strahlung ausgesetzt.

Der tödliche Strom energiereicher Teilchen, der sich ständig im Weltall nahezu mit Lichtgeschwindigkeit fortbewegt, ist für jedes Bio-System absolut tödlich.

Um die Erde aber wiederum vor den lebensschädlichen UV-Strahlen zu schützen, wird in einem subtilen Zusammenspiel zwischen Sonnenstrahlung und Atmosphäre in etwa 12 bis 40 Kilometer Höhe ein weiterer Puffer aufgebaut: die Ozonschicht, die aus molekularem Sauerstoff unter dem Einfluss kurzwelliger UV-Strahlen gebildet wird. Über den Ozongürtel wird in einem der folgenden Kapitel noch zu reden sein. Denn er umgibt uns noch nahe genug, um von uns zerstört werden zu können.

Womit wir sogar auf intergalaktische Ebenen einzuwirken drohen. Denn die stufenartige Lebens-Skala, die eines der wichtigsten Merkmale von "Gaia" ist, setzt sich auch über den Planeten hinaus fort. Wir sind für das Weltall ebenso wichtig wie es das Weltall für uns ist.

Auch deswegen steht die Gaia-These heute endgültig auf dem Prüfstand. Sie macht uns klar, dass dem Universum und dem blauen Planeten über alle wissenschaftlichen Details hinaus nur eines gerecht werden kann: kooperative Lebendigkeit bei allen Mitspielern. Genau solch eine lebendige Bewusstheit könnte nämlich der Tribut sein, den wir als Dank für unser Leben an die Sterne zu entrichten haben.

EVOLUTIONS-SPIELE

Die ersten Bewohner

Wie sehr wir alle mit der stufenartigen Lebens-Skala auf diesem Planten verbunden sind, zeigt uns vor allem die Evolution. Dabei durchläuft nicht nur jeder Fötus im Mutterleib noch einmal alle evolu-

tionären Stadien auf Erden - die Spuren der stufenartigen Entwicklung sind auch in unserem Gehirn gespeichert. So sorgen die sogenannten alten Gehirnteile im Hinterkopf nicht nur für ein möglichst klagloses Funktionieren unseres Körpers - in ihnen dominiert auch all das, was das Wesen der ersten Bewohner dieses Planeten ausmacht: der Trott, die Vorliebe für Gewohnheiten und die Konkurrenz um das Territorium, die für die ersten Reptilien spezifisch war. Zu diesem in gewissem Sinn reptilienhaften Althirn gesellte sich bei den ersten Säugern das limbische System mit seinen Gefühlen für Partnerschaft, Fortpflanzung und Stammeskämpfen. Erst sehr spät in der Evolution, erst mit dem Erscheinen des Menschen entwickelte sich dann der Neocortex mit seinen Gedanken. Mit Hilfe unserer Stirnlappen können wir aber heute versuchen, die alten Gehirnteile in uns zu durchschauen.

Die beste Hilfe dafür ist vielleicht eine Übung für unser Evolutions-Gedächtnis, die die amerikanische Bewusstseinsforscherin Jean Houston entwickelt hat.

Sie fordert ihre Schüler dabei auf, vom Fisch zur Amphibie, zum Reptil, zum frühen Säugetier, zum ersten Affen und schließlich vom Menschenaffen zum Urmenschen zu werden. Ein vergnügliches Spiel also, das uns zeigen kann, wie viel Evolutionsgeschichte tatsächlich in unseren Adern fließt.

Zuerst aber schwingen Sie sich fünf Minuten in die Gaia-Meditation ein.

Der blaue Planet in Ihrer Mitte atmet Energie ein - speichert sie - gibt Energie ab. Einatmen - Pause - Ausatmen - Pause! Genießen Sie die blaue Farbe, genießen Sie, dass Ihnen die nächsten fünf Minuten ganz allein gehören. Vor allem aber versuchen Sie in Zukunft zumindest gefühlsmäßig die Zeit ein wenig auszudehnen. So als ob Sie alles in Zeitlupe erleben würden.

Völlig entspannt nehmen Sie sich vor, den kommenden Film der Evolutionsgeschichte nicht so sehr mit Worten zu begleiten, als ihn mit Bildern und Gefühlen so intensiv wie möglich auszufüllen. Sie müssen nichts erreichen, keine besonderen Erfolge in diesem kommenden Schauspiel haben - nur ein Gefühl dafür bekommen, wie sehr sich alles in andauernder Umwandlung befindet und wie sehr jeder einzelne Bewusstseinsfunke seinen Beitrag zum Ganzen liefert.

Zuerst stellen Sie sich vor, Sie wären ein Fisch! Malen Sie sich Ihren Lieblingsfisch in Farbe, Form und Größe aus. Dann aber versuchen Sie sich das Gefühl eines Fisches vorzustellen. Sie liegen auf dem Bauch und rollen beim Schwimmen ein wenig hin und her. Diese Rollbewegung war vielleicht die erste Bewegung eines Lebewesens auf der Erde. Ertasten Sie die Welt aus der Fisch-Perspektive, schmecken Sie sie, versuchen Sie zu fühlen, wie sich über Kiemen die Lungen mit Wasser füllen. Lassen Sie es aber bitte beim nächsten Schwimmen bei der bloßen Vorstellung!

Jetzt jedoch wandeln Sie das Fisch-Sein in das Gefühl um, eine Amphibie zu sein: Ihr Rückgrat wird spürbarer, der Kopf aktiver und die Gliedmaßen beweglicher. Stellen Sie sich vor, wie Sie sich mit den noch flossenartigen Vorderbeinen an Land schleppen.

Bei dieser neuen Art der Vorwärtsbewegung verändern sich auch langsam die Sinne. Versuchen Sie zu ahnen, wie die Realität eines Lebewesens auf der Erde sich von der eines Lebewesens im Wasser unterscheidet. Wie riecht diese Erde, wie fühlt sie sich unter dem schweren Bauch an? Erinnert Sie das alles ein wenig an die Zeit als Sie ein Säugling waren und selbst noch herum krochen?

Beim nächsten Schritt werden Sie zum Krokodil. Als solch ein gepanzertes Ungetüm kriechen Sie noch immer auf dem Bauch, Sie spüren aber bereits, wie Ihre Beine stärker und selbstsicherer werden. Langsam lernt das Krokodil in Ihrer Vorstellung Vorder-und Hinterbeine zu koordinieren.

Stellen Sie sich vor, wie ein Krokodil seine Umgebung sieht. Wie es langsam und gemächlich vor sich hin trottet und nur manchmal blitzschnell nach Beute schnappt. Kriechen Sie solange es Ihnen Spaß macht in Ihrer Imagination durch den Urwald. Irgendwann aber beginnen Sie den Bauch zu heben. Sie werden eines der ersten Säugetiere, drehen Ihren Kopf schneller und öfter hin und her und hören auch viel mehr Geräusche. Plötzlich entdecken Sie, welchen Spaß Laute machen können und wie ein Baby können Sie sie benutzen, um Freude oder Schmerz kund zu tun oder die Umgebung vor Gefahren zu warnen. Spätestens jetzt haben Ihnen Ihre Gefühle und Ihre Sinneswahrnehmungen bewiesen, welche immense Wandlung mit den ersten Lebewesen passiert ist. Vor allem, wie sehr sich die Beziehung zur Welt mit der größeren Beweglichkeit des Körpers ändert und wie sich dieses Evolutions-Spiel tatsächlich in jedem Leben wiederholt.

Diese Erfahrung wird noch intensiver, wenn Sie sich in einen der frühen Affen verwandeln. Gönnen Sie sich den Spaß und spielen Sie ein munteres kleines Äffchen und Sie werden bemerken, wie schnell das Rückgrat noch beweglicher wird und welch Vergnügen es bereitet, zu springen und zu klettern.

Immer neugieriger und verspielter wie Sie jetzt sind, wird auch der Spaß an Tönen und Lauten größer. Dabei gleichen Sie nicht nur einem frühen Affen, sondern auch jenem kleinen Kind, das sich einstmals immer öfter aufzurichten begann und immer öfter ausgelassen herumtollte. Und während Sie bei einem dieser Spiele bemerken, dass auch die Hände immer geschickter, immer beweglicher werden, entwickeln Sie sich zum größeren und schweren Menschenaffen. Dieser kann seine Bewegungen bereits besser kontrollieren, er steht aufrecht und läuft nur noch zwecks schnellerer Fortbewegung auf allen Vieren.

Jetzt sieht die Welt völlig anders aus! Die neue Beziehung zu Entfernung und Schwerkraft wirkt sich auf Ihre gesamte Sehweise aus. Als Menschaffe schwanken Sie vielleicht noch, schaffen es nicht immer, das Gleichgewicht zu halten - aber Sie sehen erstmals die Welt von oben herab.

Dies ändert alle Sinneswahrnehmungen. Wie sehr, werden Sie bemerken, wenn Sie sich zum Urmenschen weiterentwickeln. Dabei verlieren Sie zwar das schützende Haarkleid, dafür stehen Sie jetzt fest auf zwei Beinen und beginnen zu denken. Nun heißt es, erfinderisch und anpassungsfähig zu sein. Aber auch dabei leistet die Natur Schützenhilfe: langsam schiebt sich das Kiefer vor und es entsteht die Sprache. Gleichzeitig beginnen Sie erste Werkzeuge zu verwenden....

Wenn Sie sich zum Schluss vorstellen, was Ihnen damals wohl Spaß gemacht hätte, welche Gedanken wohl Platz in dem immer noch kleinen

Gehirn hatten, kommen Sie vielleicht darauf, was den Urmenschen veranlasste, die Unmittelbarkeit des tierischen Lebens zu verlassen.

Es war jene Stufenleiter des Lebens, die uns alle immer wieder verführt, ein Stückchen höher zu klettern. Die Botschaft für den Urmenschen war vielleicht nicht so laut vernehmlich, wie es die Botschaft heute ist. Aber instinktiv vernahmen die ersten Menschen auf dieser Erde wahrscheinlich dieselbe Aufforderung wie wir. Denn diese bleibt immer gleich. Es ist die uralte, längst bekannte, aber noch immer zu wenig verstandene Tatsache, dass Leben sehr viel mehr ist als bloßes Überleben!

DAS INNERE KIND: REGENBOGEN-BRÜCKE ZU NEUEN ENERGIEN

Der griechischen Mythologie nach war "Gaia" zwar das erste Wesen, das dem Urchaos entsprang. Gemeinsam mit ihr wurden aber "Tartaros", die Unterwelt, die Nacht "Nyx", "Erebos", die Finsternis und "Eros", der Geist der zeugenden Liebe geschaffen.

Dieser "Eros", die immer wieder neu schaffende "erotische Kraft" in allem Geschehen, ist vielleicht Gaia-Energie in ihrer höchsten Konzentration.

Sie ist das, was den Planeten blühen und gedeihen lässt. Sie ist auch jene Energie, die auf dem Lebewesen Erde das Lebewesen Mensch immer wieder neu kreiert. In all seinen Entwicklungsstufen: als Mensch der Steinzeit ebenso wie als Mensch der modernen Informationsgesellschaft.

Die Evolution der Erde ist also aufs engste verbunden mit der Evolution des Menschen. Und immer wieder scheint es Gaia darum zu gehen, dass die "Gyges" im Einklang mit den Schwingungen des Planeten leben. So wartet gerade jetzt sowohl auf die Erde als auch auf die "Erdlinge" eine neue Epoche.

Nach dem Zeitalter des Fisches ist endlich jenes des Wassermanns angebrochen und dieses neue Sternenzeitalter dauert als Teil eines platonischen Jahres die nächsten 2160 Jahre. Durch die Veränderung des Strahlungsfeldes aus dem Kosmos entstehen dabei neue Energien, die sowohl die Erde als auch die Menschheit wieder um ein Stück reifer machen.

Dabei gibt es über kurz oder lang nur zwei Alternativen: entweder schaffen wir ein lebendigeres Bewusstsein und eine lebendigere Welt - oder wir stürzen uns und Gaia in ein noch größeres Chaos.

Die Griechen hätten einst von der Qual der Wahl zwischen "Erebos" und "Eros" gesprochen. Davon, ob die Dunkelheit oder das Licht der Kreativität die Überhand bekommen. Mit der Skala der Lebendigkeit schaffen wir jedoch ein völlig neues Kunststück: wir sehen, dass es höchste Lebendigkeit auf der obersten Spitze der Skala gibt; gleichzeitig ist aber auch die Dunkelheit nicht ganz so dunkel, wie sie auf den ersten Blick erscheint. Sie ist jenes chaotische Treiben unter der Null, dem es eigentlich auch um nichts anderes als um mehr Gaia-Energie geht.

Auch wenn die Kinder des Wassermanns es noch nicht so genau wissen: sie spüren zumindest, dass alles eine Art energetisches Spiel treibt.

Wir alle sind auf der Suche nach neuen Schwingungen, nach völlig anderen *vibes*.

Sie brauchen sich nur zu fragen, warum Sie dieses Buch gekauft haben und Sie werden eine erstaunliche Antwort bekommen: Sie haben sich für Ihr Geld ganz einfach neue Energien besorgt. Statt Gaia-*vibes* hätten Sie Freunde zu einem *drink* einladen und sich deren Energien oder auch jene eines Fußballspieles "hineinziehen" können.

Wenn wir von *vibes* reden, ahnen wir also zumindest, dass alles, Menschen, Bücher, Filme, Sportveranstaltungen und andere Events eine besondere Energie haben. Vor allem, dass wir tatsächlich von diesen Energien zehren und sie auf unsere Art und Weise auch beantworten.

Falls Sie in letzter Zeit ein wenig mit der Tabelle der Lebendigkeit gespielt haben, dann können Sie diese These nur bestätigen: der Mensch lebt tatsächlich nicht vom Brot allein. Er "ernährt" sich von Gefühlen, von Gedanken, von den Energien anderer Menschen - vor allem aber von den ursprünglichsten Energien der Erde.

Alles hat seinen eigenen Lebendigkeits- und Verlebendigungsgrad. Eros, der zeugende Geist hat überall seine Hand im Spiel. Sogar dann, wenn sich sein Licht verdunkelt, und er tatsächlich zu "Erebos", dem Dunkelgeist wird.

Dass dies zumeist unbewusst geschieht, haben uns ja die ersten beiden Regeln der Gaia-Energie bewiesen.

Wir kommen nicht an die beste Energie ran, Lebendigkeit zieht nicht Lebendigkeit an, weil wir ununterbrochen Ersatz-Energien stehlen.

ALLES KÖNNTE VIEL NATÜRLICHER, LUSTIGER UND SCHÖNER SEIN

Inzwischen sind nur ganz wenige *Clevere* darauf gekommen, dass sie dabei eigentlich sich selbst schaden. Diese ganz besonderen Menschen waren einst das, was man "Erleuchtete" nannte: einsame Eingeweihte in die Mysterien des Lebens und der kosmischen Gesetzmäßigkeiten. Heute jedoch steht der Zugang zu den alten Überlieferungen jedem offen.

Ein alternativer und neuer Lebensstil ist sich längst darin einig, dass eigentlich alles viel schöner, lustiger und gesünder sein könnte!

Das Schlagwort "fit for fun" mag zwar oft missverstanden und auf unterstem Niveau angewendet werden - trotzdem besteht kein Zweifel daran, dass sich dabei ein neues Lebensgefühl aus dem kollektiven Unbewussten an die Oberfläche drängt Was uns fehlt, ist eigentlich nur jene Regenbogen-Brücke, über die wir von den alten Lebensgewohnheiten zu den so heiß ersehnten neuen schreiten. Eine Brücke, die die Erde tatsächlich mit dem Himmel verbindet, weil wir diesen ausnahmsweise nicht irgendwelchen Göttern zuschreiben, sondern einfach auf die Erde herunterholen.

Und wo und wann könnten wir den Himmel schneller und müheloser auf die Erde holen als wenn wir eine völlig neue Kindheit schaffen? Für unsere Kinder, für die Kinder von morgen. Vor allem aber auch für das innere Kind in uns, dessen Gefühle sich mit dem entsprechenden *know how* relativ leicht umwandeln lassen.

WAS SCHAFFT UNSEREN GANZ BESONDEREN TYP?

Man braucht nur ein kleines Experiment mit dem Knick in der Evolution zu veranstalten, um sein eigenes Leben auf einen Blick vollständiger zu durchschauen, als es bisher mit Hilfe der kompliziertesten Theorien der Fall war.

Setzen Sie zur Abwechslung nicht sich selbst in einen Sandkasten und lassen Sie ausnahmsweise nicht Ihr inneres Kind eine Burg bauen! Stellen Sie sich dafür vier verschiedene Kinder vor, die in vier verschiedenen Sandkästen nebeneinander spielen. Über jedem Kind kreist eine Art himmlisches Rad. Dieses symbolisiert den Stand der Sterne zur Geburt des Kindes und damit den astrologischen Typ.

Dann stellen Sie sich bei jedem Kind eine andere Haarfarbe vor: blond, braun, schwarz, rot. Diese Farben nehmen Sie als

Symbol für die genetische Mitgift. Zuletzt malen Sie sich aus, dass jeder einzelne Sandkasten aus einem anderen Material besteht und setzen Sie dieses Material als Symbol für die äußere Herkunft und die Umwelt des Kindes ein.

Genau genommen könnten wir jetzt über die vier verschiedenen Mitspieler in diesem Experiment schon einiges wissen. Trotzdem fehlt der entscheidende Hinweis, jenes Tüpfelchen auf dem "I", das für den ganz speziellen Typ der Menschen zuständig ist. Und dieser Typ wird erstaunlicherweise immer genau in dem Augenblick geschaffen, in dem die Skala der Lebendigkeit ihre ersten Einrisse bekommt.

Sie brauchen nur weiterhin die imaginativen vier Kinder in ihren Sandkästen zu beobachten und zuschauen, wie jedes einzelne auf eine Unterbrechung des Spiels seitens von Erwachsenen reagiert. Das erste Kind springt auf, ruft "*Das ist meine Burg!*" und beginnt am anderen Ende des Baukastens störrisch weiterzubauen. Das zweite hebt vielleicht ein wenig irritiert den Kopf und beginnt dann den Vater oder die Mutter zu fragen, warum eine Burg eigentlich einen Turm braucht.

Das dritte Kind beginnt sich auf die Intervention der Großen hin einzuigeln. Es tut so, als würde es nichts hören, als würden die Ratschläge jemand anderen betreffen. In der vierten Sandkiste dagegen herrscht Geheul. Ein hilfloses kleines Wesen blickt verzweifelt auf seine Burg. Die Hilflosigkeit teilt es mit den drei anderen Leidgenossen - nur dass diese auf ihre eigene Hilflosigkeit anders reagieren.

Das erste Kind zeigt aggressive Stärke. Später wird es vielleicht eine Art Tyrann, der seine Stärke dadurch bezieht, dass er in Taten oder auch nur in Worten andere Leute unterdrückt. Das zweite Kind beweist freundliche Stärke. In Zukunft werden wir es wahrscheinlich als einen jener neugierigen Menschen wiedertreffen, die sich Energie dadurch holen, dass sie andere Leute ständig "vernehmen" und aushorchen und ein Leben lang den

Besserwisser spielen. Das dritte Kind igelt sich auch weiterhin ein. Es gehört zu jenen unnahbaren Typen, die Energie aus den vergeblichen Versuchen anderer regenerieren, an sie heranzukommen und sich so in ihrer Rolle als uneinnehmbare Persönlichkeit bestärken.

Am Geheul des vierten Kindes ist am wenigsten herumzurätseln: hilflose Typen greifen immer wieder darauf zurück, dass sie rundherum bedauernswert sind und so die Aufmerksamkeit der Umwelt ständig auf sich zu ziehen versuchen.

So neu heute die Erkenntnis zu sein scheint, dass gerade unser Typ durch das zu abrupte Zusammentreffen von Lernen durch Erfahrung und Lernen durch Wissen entsteht, so alt ist übrigens die entsprechende Symbolik.

Schon Hippokrates teilte die Menschen in Choleriker, Sanguiniker, Phlegmatiker und Melancholiker ein. Und im Alten Testament begegnen uns die vier Typen als Adler, Löwe, Engel und Stier.Wem jetzt dämmert, dass eine richtig verstandene Skala der Lebendigkeit uns eigentlich auf Anhieb mehr beibringt, als es viele gelehrte Bücher vermögen, dem flüstert sein inneres Kind auch zu, dass alles ganz anders sein kann! Dass wir zwar alle im selben Schlamassel sitzen, dass wir diesem aber schnell entfliehen können.

Wir müssen nicht ewig Tyrann oder Vernehmer sein, nicht unnahbar oder bemitleidenswert. Auf diese Weise haben wir uns einst selbst geschützt. Gleichzeitig haben wir damit die Aufmerksamkeit der Umwelt auf uns gezogen.

Diesen ursprünglichen Schutzmechanismus brauchen wir jedoch nicht ein Leben lang zu wiederholen. Wir brauchen keine Energie aus zweiter Hand. Außerdem langweilt dieses uralte Ego-Spiel, in das wir eigentlich völlig unschuldig hineingeraten sind. Vor allem jedoch wollen wir höhere Energien und wir wollen endlich unsere eigenen!

Dies zu erreichen ist kein Kunststück, wenn man sich nur ein wenig genauer anschaut, wie das Lebewesen Mensch nun wirklich sein Leben organisiert.

Nehmen Sie nur die vier Kinder in den vier Sandkästen noch einmal genauer unter die Lupe. Sie symbolisieren nicht nur vier verschiedene Energie-Typen, sie gehen mit der Energie auch nach einem ganz gewissen Schema vor: Der Tyrann und der Besserwisser stoßen vor!

Der eine signalisiert schon durch den Ausruf "Das ist meine Burg!", dass er die Befehle gibt. Der zweite Typ zeigt durch seine freundlichen Fragen, dass er der Stärkere ist.

Auf der anderen Seite ist der Rückzug die oberste Devise!

Der Typ, der sich einigelt, signalisiert freundliche Schwäche, während die ewigen Jammerer unter ihrer Schwäche eigentlich recht feindselig sind.

Vorstoß und Rückstoß, Dominanz oder Unterwerfung!

Genau nach diesem eigentlich noch sehr tierhaften Schema sind unsere vielgerühmten Persönlichkeiten aufgebaut.

Versuchen Sie es! Gehen Sie in Gedanken einmal sehr aggressiv nach vorne. Dann sehr freundlich. Dann stellen Sie sich vor, Sie würden den Rückzug antreten, diesmal aber mit jeder Menge Wut im Bauch.

Das wär`s eigentlich!

Im Nu haben Sie nicht nur Ihren Typ und den Typ von Freunden, Partnern und Kollegen - gleichzeitig haben Sie auch das beste Mittel in der Hand, nicht immer dieselbe ausgeleierte Rolle spielen zu müssen. Bleiben Sie dazu einfach einmal in Gedanken in der Mitte stehen! So als ob Sie weder ein Vorstoßer noch ein Rückzügler wären. Und so, als ob auch die freundliche und die aggressive Komponente bei beiden fehlen würden.

Tun sie zur Abwechslung gar nichts. Stellen Sie sich nur Ihre Gaia-Meditation vor! Nichts bringt Sie schneller zurück in Ihre eigene Mitte. In ihr eigenes Selbst. In jenes ursprüngliche Wesen, das Sie vor dem Knick auf der Lebendigkeits-Skala waren. Und dieser Trick funktioniert auch im alltäglichen Leben! Wenn wir lernen, dem Typ in uns unbeteiligt zuzuschauen, dann können wir ihn auch nach Lust und Laune ändern.

EVOLUTIONS-SPIELE

Ein neues Körper-Bild

Hat Ihnen die kurze Gaia-Meditation gezeigt, dass es durchaus Momente gibt, in denen wir die sind, die wir schon immer waren und immer sein wollten, suchen Sie sich in Ihrem Tagesablauf eine Viertelstunde aus, in der Sie genau dies imaginieren. Wachen Sie früher auf und stimmen Sie sich mit der blauen Kugel in Ihrer Mitte auf einen harmonischen Tagesablauf ein. Oder/und gehen Sie früher ins Bett und werden Sie vor dem Einschlafen noch einmal ganz Sie selbst.

Die Zeit spielt keinerlei Rolle. Wichtig ist nur, dass Gaia Ihnen hilft, wieder genau in Ihre eigene Mitte zu gelangen – so wie der Planet es ja ursprünglich vorgesehen hat.

Lassen Sie dabei die winzige Kugel aus-und einatmen: so lange und so harmonisch, bis Sie ganz ruhig geworden sind. Genießen Sie wieder einmal die beruhigende hellblaue Farbe! Und dann lassen Sie Kugel im Zeitlupentempo größer und größer werden. Dehnen Sie dabei gefühlsmäßig die Zeit aus. So als ob Sie aus dem Weltall auf sich und die Kugel schauen würden.

Wenn Sie ganz in Gaia-Energie eingehüllt sind, denken Sie daran, dass nach den alten Griechen gleichzeitig mit Gaia auch Eros als Geist der zeugenden Liebe geschaffen wurde. Darum stellen Sie sich die Gaia-Energie, die sie umhüllt, von nun an auch als erotische Energie vor: als hellblauen Liebesballon, von dem Sie sich jederzeit Energie holen können.

In Zukunft können Sie diese neue Vorstellung von Gaia-Energie immer dann auch während des Tages sehr bewusst einsetzen, wenn Ihr Typ Sie wieder einmal verführt, Held oder Feigling zu spielen.

Vor allem aber legen Sie sich in den nächsten Tagen ein neues Körper-Bild zu!

Dies gelingt uns in dem Augenblick, in dem wir darauf kommen, dass die aus frühester Kindheit mitgebrachte Körper-Logik tatsächlich als eine Art positives oder negatives Vorzeichen über jeder Art von menschlichem Handeln steht.

Vieles an unserer Art zu denken und zu fühlen, hängt vor allem mit unserer Art, uns zu bewegen, zu stehen oder zu sitzen zusammen. Setzen Sie sich nur einen Augenblick lang in einen äußerst bequemen Sessel, lehnen Sie sich zurück und beobachten Sie Ihren Körper: sind die Muskeln entspannt? Geht Ihr Atem leicht und regelmäßig? Was machen Ihre Gedanken, was fühlen Sie? Dann setzen Sie sich ganz bewusst in einen wirklich unbequemen Sessel und fragen Sie sich genau dasselbe.

Zuletzt denken Sie daran, dass sich der Körper für jede Missetat, die wir ihm antun, rächt. Er tut dies ziemlich unbemerkt. Und nicht immer sind nur schlechte Sessel schuld sondern vor allem die Missachtung des Tempels unserer Seele.

Dies lässt sich leichter verändern als man glaubt, sobald man den Körper mit neuer Energie verwöhnt und ihn gleichzeitig voll und ganz akzeptiert. Nörgeln Sie deswegen in Zukunft nicht weiter an Ihrem Gewicht, an Ihrer Größe, der Farbe Ihrer Augen oder Haare herum, seien Sie hundertprozentig Sie selbst und beginnen Sie ganz einfach Ihren Körper zu lieben.

Dies gelingt Ihnen am schnellsten mit einer täglichen Gaia-Meditation. Zusätzlich machen Sie sich aber klar, dass Ihr Körper auf dieselbe Art und Weise funktioniert, in der sich ein Kind entwickelt:

+ durch das Körper-Denken selbst, nämlich durch die physischen Eigenschaften, die Sie geerbt haben.

+ durch das Gefühls-Denken, nämlich durch die Art, wie Sie Ihren Körper einsetzen.

+ durch das Denken, das sich ein bestimmtes Bild von seinem Körper macht.

Wie Ihr Körper sich bewegt, wie selbstsicher Sie ihn einsetzen, wurde also vor langer Zeit entschieden. Wenn Sie aber in den nächsten Tagen damit beginnen, ein neues Bild von ihm zu entwerfen, können Sie Ihre Zukunft ändern!

Nehmen Sie sich für dieses Körper-Bild drei Tage Zeit!

Am ersten Tag tun Sie nichts anderes, als Ihren Körper zu beobachten. Dabei werden Sie entdecken, dass irgendwo in Ihnen tatsächlich ein geistiges Bild darüber vorhanden ist, wie eine Tätigkeit auszuführen ist. Diese geistige Kontrolle können wir mit ein wenig Schulung zu unserem Zweck einspannen. Nachdem Sie am ersten Tag nämlich nur registriert haben, wie Sie sich bewegen, kommen Sie am zweiten Tag den Gefühlen auf die Spur. Sehen Sie sich all das, was Ihr Körper tut, einzig allein unter einem Aspekt an: was macht ihm Spaß, was ist ihm unangenehm? Am dritten Tag verbinden Sie Spiel Nummer eins und Nummer zwei, setzen Sie aber nun ein gewandeltes Körper-Bild ein: Immer, wenn Ihnen etwas unangenehm für Ihren Körper erscheint, ändern Sie die Situation so, dass sie angenehm wird. Wenn Ihre Sitzgelegenheiten schlecht sind, setzen Sie sich auf den Fußboden und schauen Sie sich so bald wie möglich nach besseren Sesseln um. Wenn Sie Schwierigkeiten beim Atmen haben, öffnen Sie zumindest für ein paar Minuten die Fenster. Dann vervollständigen sie diese Liste für sich selbst.

WARUM WIR ZU HEIMATLOSEN WERDEN

Genau genommen ist es also das widerspenstige, tyrannische und ängstliche innere Kind, das uns alle zu einem festumrissenen Typ und damit zu einem völlig statischen Wesen macht. Und so wie uns der Typ irgendwann einmal in einem Sandkasten oder in einer ähnlichen Situation ziemlich schuldlos eingebrockt wurde, so unwissentlich und beinahe schuldlos behandeln wir später auch Mütterchen Gaia. Wir beuten sie als Tyrannen aus. Wir wollen als Vernehmer-Typen zwar die Natur erforschen - machen aber keinerlei Anstalten ihr geheimes Wirken zu erfahren. Wir spielen die Unnahbaren, die ökologische Moden nichts angehen. Oder wir sind so arm und bedauernswert, dass für das Wirken von Gaia ohnehin kein Platz in unserem Kopf ist.

Andererseits kommen auch wir völlig unschuldig zum Handkuss. Als Kinder teilen wir nämlich alle zumindest ein wenig das Schicksal der letzten Naturvölker auf diesem Planeten. Ob es Aborigines in Australien sind, die letzten Indianerstämme in Süd-oder Nordamerika: sie alle werden zu Ausgestoßenen, zu *outlaws*, weil wir ihren Sitten und Gebräuchen bedenkenlos unsere Zivilisation überstülpen.

Vor allem aber werden sie heimatlos, weil sie ihrer Natur ohne Chance auf eigene Entwicklung entwöhnt werden.

Nimmt man diese zu frühe Entwöhnung auch als Stichwort für eine adäquate Störung in der menschlichen Kindheit, so stellt sich eine interessante Frage: Müssen denn Kinder heutzutage noch der Natur entwöhnt werden? Welches Kind lernt überhaupt noch das Glück kennen, in und mit der Natur zu leben?

Wer verbringt noch Ferien auf einem Bauernhof? Wer darf allein im Wald sein eigener Robin Hood sein?

Die wenigsten Stadtkinder haben heute auch nur die geringste Möglichkeit, sozusagen am Busen von Mutter Gaia aufzuwachsen. Aber ist schon die Verbundenheit mit der Natur ein heikles Thema, so ist es "Heimatlosigkeit" noch mehr. Wer hat schon Eltern, die ihre Wohnung oder ihr Haus nicht nach dem Prestige, sondern nach den Bedürfnissen von Kindern einrichten? Wo gibt es kindergerechte Architektur?

Aber die Tatsache, dass es für viele Kinder den Begriff Heimat und Natur nur mehr in entarteter Form gibt, ist nur der erste Aspekt des Evolutions-Knicks.

Während wir nämlich für eine natürliche Lebendigkeit viel zu wenig tun, die Instinkte und Gefühle des Kindes oft völlig unterernährt lassen, überfordern wir gleichzeitig das kindliche Denken. Und das durch unüberlegte logische Eingriffe ungefähr so, als wollten wir ein eben geborenes Baby mit einem *steak* füttern.

Falls Sie in der Zwischenzeit nicht nur Ihr eigenes verunsichertes inneres Kind entdeckt haben, sondern eine ebenso verunsicherte Mutter oder ein verunsicherter Vater geworden sind: kein Grund, deswegen zu verzweifeln.

Sie sind nicht die einzige oder der einzige, die / der mit sehr viel Liebe ein wenig zu viel des Guten für ein Kind tut. Dem Meisterplan, den sich die Natur für das Denken der Menschenkinder ausgedacht hat, ist man auch in der Erziehungs-Wissenschaft erst in den letzten Jahren auf die Spur gekommen. Und noch immer erscheint es dabei ein Paradoxon zu sein, dass bei Kindern "Weniger" oft "Mehr" ist.

Stellen Sie sich ein Baby vor: es braucht eigentlich nichts anderes als hundertprozentige körperliche Sicherheit. Und dieses sichere Körper-Denken steht solange an oberster Stelle, solange ein Kind seinen Körper kennenlernt. Nützlich und lebendig ist dabei alles, was diese körperliche Sicherheit fördert und unterstützt. Überflüssig und unlebendig all das, was diese Sicherheit in Frage stellt. Eine hilfreiche Hand ist in jedem Fall besser als zu viele hilfreich gemeinte Worte. Und Worte sind wiederum nur so gut, soweit sie dem Denken des Kindes entsprechen.

Wer dabei hundert "Aber" auf den Lippen hat und sich fragt, wie ein Kind auf diese Art und Weise das Lernen lernen soll, der erinnere sich einen Augenblick an seine eigene Kindheit.

Sie sitzen auf einer Wiese und kosten zur Abwechslung einmal nicht nur das Gras sondern vielleicht auch einen Erdklumpen. Hören Sie noch das Knirschen? Spüren Sie die Erde zwischen den Zähnen? Hören Sie auch noch die entsetzten und angeekelten Aufschreie Ihrer Mutter?

Dann gelingen Ihnen drei Dinge auf einen Schlag: Sie bekommen ein Gespür für das phantastische Erinnerungs-System, das der Körper darstellt. Zusätzlich gelingt Ihnen ein neuerlicher Beweis, für das "die-Erde-ist-schlecht-Programm" in uns allen.

Wenn Sie sich aber zu guter Letzt fragen, ob man Kinder nun gar Erde essen lassen soll, haben Sie mit einem dritten Schlag die Essenz einer neuen Gaia-Erziehung. Die Antwort, die die Befürworter einer neuen, magischen Sicht der Kindheit darauf geben, ist nämlich so simpel, dass auch sie schon wieder paradox klingt. Sie heißt nämlich "Jein!"

Natürlich sollte man Kinder keine Erde essen lassen. Viele Dinge dieses Planeten sind nicht nur heute besonders giftig, sondern waren auf direktem Wege noch nie förderlich für die Gesundheit.

Kinder können so etwas noch nicht wissen. Vor allem verstehen sie zumeist den Grund für die elterliche Aufregung nicht. Darum heißt die Devise für solch einen Notfall in Sachen zu direktem Gaia-Kontakt: unterlassen Sie alles Überflüssige! Nehmen Sie dem Kind die Erde einfach aus dem Mund und dann lassen Sie es ohne großes Palaver weiterspielen! Dadurch ist, wie bei vielen anderen kindlichen Spielen auch, die Hygiene gesichert, andererseits wird das magische Liebesspiel zwischen Erde und Erdling nicht allzu sehr verunsichert. Ähnliches empfiehlt sich bei anderen kindlichen Spielen. Kleine Abenteurer auszuschimpfen, ist tatsächlich eine Art unverdauliches *steak* für deren Denken.

Warum sollen unbedenkliches Toben und wilde Indianerspiele Sünde sein?

Und dass man sich dabei nicht schmutzig machen soll, kann auch nur einem Erwachsenen-Gehirn entspringen. Erinnert man sich an solch eigene kindliche Gefühle, so lässt man tatsächlich schnell alle überflüssigen Rügen beiseite und erreicht auf Anhieb drei Dinge: Das "die-Erde-ist-schlecht-Programm" wird vermieden. Es gibt nicht den kleinsten Knick auf der Skala der Lebendigkeit - vor allem jedoch kein böses Kind.

EIN LEBEN OHNE ÜBERFLÜSSIGKEITEN

Überflüssiges wegzulassen, entpuppt sich ohnehin als jenes Zauberwort, das überall dort magisch wirkt, wo Gaia-Energie am Werk ist. Jeder, der es schafft, zur Abwechslung nur er selbst zu sein, landet schnurgerade auf einem jener Höhepunkte, die nur passieren, wenn wir Gaia-*vibes* einfach zulassen. Er holt sich dabei das zurück, was als Kind eigentlich unser Geburtsrecht war: ohne "man müsste" und "man sollte" einfach nur zu *sein!*

Machen Sie einmal an einem Wochenende den Versuch und streichen Sie jedes "müsste" aus Ihrem Wortschatz, Ihrem Körper und Ihren Gefühlen. Gönnen Sie sich den Spaß und machen Sie nur das, was Ihnen wirklich Freude macht! Sie werden drauf kommen, dass wir ohne die Überflüssigkeiten, die wir uns einreden, sehr viel besser leben könnten. Auch an diesem Überflüssigen ist genau genommen der Knick in der Evolution schuld. Irgendwann durften wir nicht ganz das sein, was wir sein wollten. Und noch heute hamstern wir uns dafür je nach Typ alle möglichen Pflichtübungen ein, die nicht notwendig wären. Schauen Sie sich Ihre Freizeit ganz einfach einmal nach dem Gesichtspunkt an, welches Spiel der Tyrann, der Vernehmer, der Unnahbare und das arme Kind spielen. Auf Anhieb werden Sie entdecken, dass viele unabdingbare Verabredungen und Verpflichtungen ihrem viel zu wenig beachteten inneren Kind zu verdanken sind.

Dann lassen Sie dieses Kind einmal von der Leine! Lassen Sie es genau das tun, was seinem Körper und seinen ureigensten Gefühlen entspricht. Strecken Sie wieder einmal ganz einfach alle "Vier" von sich und lassen Sie die Gaia-Energie ein ganzes schönes langes Wochenende so oft wie möglich zu.

Erstaunlicherweise werden Sie zu genau denselben Schlüssen kommen, die manche Erziehungs-Wissenschaftler heute dazu veranlasst, eine völlig neue Sicht der Kindheit zu fordern.

So beschreibt der amerikanische Pädagoge Joseph Chilton Pearce Intelligenz als etwas, was der Homöostase von Gaia gleichkommt. Für ihn wächst das Denken nämlich vor allem durch das harmonische Fortschreiten vom Bekannten zum Unbekannten. Und genau dahinter verstecken sich nach ihm auch die eigentlich sehr leicht zu durchschauenden Grundbegriffe des Meisterplans der Natur für die menschliche Intelligenz. Lernen ist nämlich etwas, was mehr als wir glauben mit dem Prozess zwischen Anspannen und Entspannen zu tun hat. So wie Sie nach einem "faulen" Samstag am Sonntag wieder voll fit sind für eine ausgedehnte Bergtour, genauso entwickelt sich das menschliche Denken zwischen den Herausforderungen und dem Rückzug in sich selbst. So sagt uns die Stress-Forschung, dass jedes körperliche, gefühlsmäßige und abstrakte Lernen ja durchaus eine positive Anstrengung bedeutet. Dass diese Anspannung, die eigentlich nur eine besondere Form der Aufmerksamkeit ist, erst dann schädlich wird, wenn sich das Kind danach nicht in der richtigen Form entspannen kann.

Dagegen lernt jedes Neugeborene, das nach dem anstrengenden Einstieg in die Welt sofort an die Brust der Mutter gelegt wird, dass Lernen auch Spaß bereitet. Es wird auch dann noch neugierig sein, wenn es als Baby seinen Körper möglichst ungestört ausprobieren kann. Und auch hier gelingt die Kenntnis von neuem umso besser, je sicherer der Rückhalt der Mutter ist. Man kann beruhigt in die Welt hinaus krabbeln, wenn immer irgendwelche Arme vorhanden sind, in denen man im Notfall Schutz findet. Dabei lernt das Gehirn dreifach: es gibt einerseits die neue Erfahrung, dazu das Gefühl, dass es nach jedem Lernen einen sicheren Ort zum Ausrasten gibt.

Zusätzlich wird bei jedem Entwicklungsschritt im Gehirn neues Eiweißmaterial zur Verfügung gestellt.

Lernen gleicht also absolut nicht jenem Bild vom Sparschweinchen, das manche Wissensvermittler anscheinend vor sich haben, wenn sie in Kinder mehr und mehr Wissensgegenstände hineinstopfen. Lernen, wirkliches Lernen, hält sich genau an den Gaia-Plan. Wissen wird aufgenommen, so ungestört wie möglich verarbeitet und nur dann auf die beste Art und Weise wieder abgegeben.

Denn die Natur hält sich auch in jeder Kindheit immer wieder an das stufenartige Muster-auf-Muster-Zeichnen. Neue Eiweiß-Nahrung für unser Gehirn gibt es nämlich nicht nur bei der Geburt, dem anstrengendsten Lernerlebnis überhaupt. Ein Eiweißschub passiert, wenn das Baby zum Kleinkind wird und in die Welt der Gefühle aufbricht. Vor allem jedoch dann, wenn in der Pubertät nach dem Körper-und Gefühlsdenken auch das Denken über das Denken erlernt werden soll.

Diese aufsteigende Skala von Lebendigkeit soll anscheinend das beste Zusammenspiel aller Kräfte fördern: jene Homöostase im Lebewesen Mensch, die sogar in unseren chaotischen Zeiten einen optimalen Zustand von Körper und Geist garantiert. Sünde und Eingriff ist dabei alles, was Kinder verunsichert und sie hindert, ein "Wissensgebiet" voll und ganz zu durchleben.

Dass "durchleben" dabei nicht immer nur Aktivität bedeutet, sondern ebensolche Momente der Ruhe, hat Ihnen eventuell der Versuch mit einem faulen und gleichzeitig sehr lebendigen Wochenende bewiesen. Zudem kennen wir alle Menschen, denen völliges In-sich-Ruhen auch in den stressigsten Situationen gelingt. Nicht selten sind es jene raren Höhepunktler, die das gesamte Leben deswegen so phantastisch bewältigen, weil sie intuitiv wissen, dass man innehalten muss, um neue Energie zu speichern. Solche Typen rutschen sehr selten unter die Null, hinein in den völlig unlebendigen und chaotischen Bereich der Lebendigkeits-Skala. Lieber treten sie einen Augenblick zurück und sehen sich selbst und dem Treiben der Welt einfach nur zu. Plötzlich scheinen sie dann wieder alle *power* zu haben und geniale Einfälle fliegen ihnen nur so zu. In der östlichen Philosophie nennt man dieses Innehalten "*wu-wei*" und es wird als eine Art Nicht-Tun betrachtet, d*as* das beste Tun erst so richtig garantiert.

Sieht man sich den Meisterplan für die Entwicklung der Intelligenz genauer an, dann müsste uns dieses Nicht-Tun eigentlich ebenso im Blut liegen wie unser ewiges Tun. Wir müssten es nur noch ein wenig kultivieren. Das Werkzeug dazu kennen wir bereits: es ist die dritte Regel der Gaia-Energie, die für die Kindheit ebenso gilt, wie die bestmögliche erwachsene Art zu leben. Tu` nichts Überflüssiges! rät sie uns, und das ist der erste Schritt zu jenem Magnetismus, der alle jene Typen umgibt, die Erfolge, tolle Freundschaften und Höhepunkte tatsächlich "magnetisch" anziehen. Sobald wir nämlich lernen, nichts Überflüssiges zu tun, werden wir das vollständige und heile Wesen, das wir einmal waren! Erst in diesem Augenblick spüren wir, dass das erste Gesetz der Gaia-Energie tatsächlich zutrifft: Nur Lebendigkeit zieht Lebendigkeit an!

Es ist das Gaia-Prinzip schlechthin. Nicht ohne Grund heißt "heil" in der Muttersprache von "Gaia" "holos". Das Gaia-Bewusstsein und das neue Wissen über uns selbst bilden also einen holistischen, einen heilenden Prozess, in dem alles alles beeinflusst. Jede Stufe, die wir auf der Skala der Lebendigkeit hinaufsteigen, ist auch eine Stufe für Gaia insgesamt.

Oder auf der ganz praktischen, völlig unmetaphysischen Ebene: Sobald wir heil und ganz sind und auf zerstreuende Überflüssigkeiten verzichten, umso weniger beuten wir den Planeten aus. Je gesünder wiederum "Gaia" wird, umso bessere Energie bekommen wir von ihr zurück. Nichts beweist uns das besser als ein Spiel mit unseren Sinnen.

EVOLUTIONS-SPIELE

Schmecken und noch viel mehr

Sobald wir das Spiel mit unseren Sinnen nur ein wenig beherrschen, entdecken wir, dass genau sie es sind, mit deren Hilfe wir uns alle Energien aus der Außenwelt besorgen. Nicht ohne Grund widmen wir etwa dem Geschmackssinn einen Großteil unserer Zeit, unserer Arbeit und unserer Phantasie. Die Suche nach gutem und ausgefallenem Essen ist die Existenzgrundlage von riesigen Industrien; Hobbyköchinnen und Hobbyköche variieren heute zwischen den exotischsten Rezepten fremder Völker.

Trotzdem müssen wir uns fragen, ob wir diese riesige Auswahl auch zu schätzen wissen? Schmeckt uns nur mehr das, was noch ein wenig mehr fremdländisch klingt oder haben wir inmitten der Vielfalt schon zu lange auf unsere eigenen Geschmacksnerven vergessen? Denken Sie einmal an die Lieblingsspeise Ihrer Kindheit! Riechen Sie sie und versuchen Sie, sie wieder zu schmecken? Wie schnell gelingt Ihnen das Gefühl, dass Ihr damaliges Lieblingsgericht tatsächlich auf Ihrer Zunge liegt? Schmecken war damals wahrlich mehr als eine kleine Offenbarung!

Die meisten von uns erinnern sich noch sehr genau an Lieblingssüßigkeiten, an den Lieblingspudding und an feierliche Festtagsessen. In der Zwischenzeit sind unsere Geschmacksnerven sehr viel älter geworden und der "Raum des Schmeckens" ist ein wahrer Geschmacksmüllhaufen. Lieblos zubereitete Fertiggerichte, Dosennahrung, Alkohol, zu viel Kaffee, zu viele Zigaretten - und vor allem die Hast, mit der die meisten Mahlzeiten hinunter geschluckt werden, haben unsere Geschmacksknospen unempfindlich werden lassen.

Mit ein wenig Übung lässt sich der "Raum des Schmeckens" allerdings entrümpeln. Wenn Sie schon eine gewisse Praxis im Riechen entwickelt haben und im Laufe eines Tages immer öfter bewusst schnuppern, beginnen Sie mit einem Tag für Ihren Geschmackssinn.

Öffnen Sie am Morgen beim Aufwachen nicht die Augen, versuchen Sie Ihre Zunge so intensiv wie möglich zu spüren. Dann stellen Sie sich Ihren Gaumen, Ihre Kieferknochen, Ihre Wangen vor. Tasten Sie mit der Zunge diese Höhle in Ihnen ab, öffnen Sie den Mund und schmecken Sie Luft. Sobald Sie ein gewisses Gefühl für Ihre "Geschmacks-Höhle" bekommen haben, stellen Sie sich in Gedanken vor, Sie würden diese Höhle säubern!

Sie werfen all das in einen riesigen Müllbehälter, was an Überflüssigem und Übelschmeckendem im Laufe der Zeit die Geschmacksnerven in Ihrem Mund verletzt hat. Mit einem Schlauch, aus dem das Wasser einer glasklaren Quelle sprudelt, spritzen Sie alle Wände ab. Versuchen Sie zu fühlen, wie Ihre Geschmacksknospen jetzt neu auszutreiben beginnen. Genießen Sie dieses Gefühl völliger Reinheit!

Dann stellen Sie sich die vier Geschmacks-Grundrichtungen vor: empfinden Sie salzig, süß, sauer und bitter. Daraufhin nehmen Sie sich vor, in nächster Zeit mehr Wert auf einen natürlichen, lebendigen Geschmack zu legen. Vorerst müssen Sie dazu nicht einmal alte Ess-Gewohnheiten ablegen. Essen Sie alles, was Sie bis heute gewohnt sind, stellen Sie sich den Geschmack einer Speise aber schon intensiv vor, bevor Sie sie noch in den Mund nehmen. Kauen Sie dann jeden Bissen ein paar Mal durch und versuchen Sie den Geschmack im Mund zu behalten. Essen sie langsam und bewusst und lassen Sie sich durch nichts von dieser neuen, bewussten Art des Genießens aufhalten.

Wenn Sie auf diese Art und Weise tatsächlich im Laufe der Zeit zu einem Feinschmecker werden, können Sie beginnen, Ihre Geschmacksknospen ein wenig weiter denken zu lassen. Stellen Sie dazu wieder einmal Ihre Geschmackshöhle vor: diesmal aber versuchen Sie alles zu entspannen. Ihre Kiefer sind völlig locker, ebenso Ihre Wangen, Ihr Gaumen und Ihre Zunge. Diese Entspanntheit wirkt sich auch auf Ihre Stirn aus - und damit indirekt auch auf Ihr Denken aus.

Nun kosten Sie ein Stück Brot, einen Apfel, Ihren Lieblingspudding oder ein Stück Torte. Achten Sie dabei aber nicht mehr nur auf den Geschmack, stellen Sie sich auch lebhaft vor, was diese Speise für Ihren Körper tut. Malen Sie sich die Reise von Eiweiß, Vitaminen und Spurenelementen, von Fett, Kohlehydraten und Zucker durch Ihren Körper so lebhaft wie möglich aus. Und dann kosten Sie noch einmal ganz bewusst ein Stück der ausgewählten Speise!

Zum Schluss aber vergessen Sie alle längst abgedroschenen Ernährungsmoden und lassen Sie sich nur eines durch den Kopf gehen: Vor nicht allzu langer Zeit wusste jeder Mensch noch ganz genau, was er zu sich nahm. Heute gibt es nur noch einige wenige ausgefallene Typen, die wissen, was sie essen. Machen Sie es ihnen nach und checken Sie in nächster Zeit einen Begriff ab, der es in sich hat: identifizierbare Nahrung!

VON DER MINUS-POWER ZUR PLUS-POWER!

Schon bei etwas Übung im Umgang mit der Lebendigkeits-Skala bekommt man ein Gespür dafür, dass es zwei völlig verschiedene Arten von Lebendigkeit gibt: Eine vordergründige, die sehr viel eher der Skala unter der Null zuzuschreiben ist. Und daneben jenes wirkliche Leben über der Null, das wir uns eigentlich alle wünschen.

Wer kennt nicht jene oft gar nicht so unsympathischen Typen, die zu Weihnachten in die Sonne fliegen, und dort, unter Palmen auf ihren Tannenbaum nicht verzichten wollen? Derlei Aktionen gelten dann auch noch als besonders phantasievoll und die Akteure als ungemein rührig!

Dass Lebendig-Sein nicht unbedingt etwas mit derlei Umtriebigkeit, sondern viel eher etwas mit dem Wechselspiel zwischen ursprünglicher Bestimmung und tatsächlicher Verwendung zu tun hat, haben erst recht wenig Menschen erkannt. Und selbst die haben in der Regel keinen Grund, die Nase über weihnachtlich geschmückte Schwarzwald-Tannen in der Karibik zu rümpfen. Denn in einem übertragenen Sinn tragen wir alle sehr viel öfter Tannen in die Südsee als wir uns dies vorstellen.

Die Minus-*power*, wie man das Wechselspiel zwischen dem Sinn einer Sache und ihrer missbräuchlichen Verwendung vielleicht am besten nennt, ist überall am Werk.

Machen wir nur noch einmal einen kleinen Ausflug in die Tierwelt! Diesmal geht es nicht um Fische, nicht um Krokodile oder Affen, diesmal versuchen Sie sich ein paar Minuten in ein Kälbchen hineinzuversetzen. Am besten vorerst in ein möglichst "glückliches"! Stellen Sie sich ganz einfach vor, wie es seine ersten Erkundungen auf der Weide macht, das Kosten von Gras genießt und sich mit anderen Kälbern balgt. Dann versuchen Sie sich in die Haut eines nicht ganz so glücklichen Kalbes zu versetzen: in ein Kälber-Schicksal, bei dem es einem so richtig kalt über den Rücken läuft.

In den meisten modernen Tier-Leben passiert nämlich absolut nichts, was im Einklang mit dem Spiel zwischen Sinn und Verwendung steht. Zumeist durch künstliche Befruchtung "erzeugt", wartet auf das kleine Tier sofort nach seiner Geburt nichts anderes als die grausamste Tortur. 120 bis 150 Tage heißt die Lebenserwartung. Leben bedeutet in diesem Fall Fleischproduktion um jeden Preis und es spielt sich in engen und dunklen Boxen ab, wo es von morgens bis abends reglos auszuharren und zu fressen gilt.

Die Traummarke dabei hängt hoch: pro Tag sollen 1000 bis 1400 Gramm zugenommen werden. Was im Klartext bedeutet, dass ein Kalb in drei bis vier Monaten hundert Kilo auf die Waage bringt. Das natürliche Wachstum sieht, nebenbei gesagt, genau ein Drittel vor!

Um den Fleischfabriken schließlich und endlich solche Spitzenwerte hinzulegen, heißt es natürlich nicht nur ununterbrochen zu "schlemmen", es werden auch jede Menge Hormone geschluckt! Insgesamt muss ein völlig anderer Speiseplan eingehalten werden, als die Natur ihn für Kälber vorgesehen hat. Wiederkäuer fressen normalerweise ab der sechsten Woche Heu, Getreide, Ölschrote oder pflanzliche Stoffe. An solche Köstlichkeiten kommen aber sehr viele Kälber nicht heran. Auf dem Speiseplan stehen Ersatzstoffe, von denen man nicht so recht weiß, was drinnen ist.

Auf jeden Fall werden die meisten Kälber zur Schlachtbank geführt, ohne dass ihr Wiederkäuermagen je gebraucht wurde. Dasselbe passiert den Vorder-und den Hinterbeinen, auf denen die bedauernswerten Geschöpfe in den engen Kojen zu liegen haben. Auch sie sind eigentlich nur mehr als brüchige Stütze für die darauf liegenden Fettberge gedacht. Dafür aber gibt es für den Menschen besonders zartes, weißes Fleisch!

Dass solches Fleisch von allen Beteiligten einen zu hohen Preis fordert, beginnen wir erst langsam zu begreifen. So sind nicht nur jede Menge Hormone und Antibiotika im Futter enthalten - die übergewichtigen Tiere sind auch so gestresst, dass sie nicht nur beim Transport ins Schlachthaus sondern auch während ihres kurzen "Lebens" mit Tranquilizern beruhigt werden müssen.

Aber der Cocktail aus tierischen Doping-Mitteln wird noch um einiges größer: neben künstlich zugeführten Vitaminen und Enzymen, die als Ersatz für Gras und Heu herhalten müssen, landen darin vor allem auch höchst schädliche Arsenverbindungen, die den Durchfall verhindern sollen. Kein Wunder also, dass viele der Tiere kaum mehr lebensfähig sind, wenn sie zur Schlachtbank getrieben werden.

Wobei solches oft kaum mehr möglich ist. Viele der Kälber haben nie gelernt zu laufen! Man muss die 100-Kilo-Brocken, die oftmals ein Leben lang auf ihren Beinen lagen, aus dem Stall ziehen, schieben, schlagen und prügeln. Genau genommen leben sie ohnehin nur mehr deswegen, weil sie ununterbrochen von Medikamenten aufgeputscht werden. So schätzten Fachleute schon vor Jahren, dass ein Kalb ungefähr 50 Kubikzentimeter reinste Chemie zu sich nimmt, bevor es zwar mit einem guten Zentner, dafür halb lahm und halb blind auf der Schlachtbank landet.

Die Schilderung solch eines grausamen Tier-Schicksals verdanken wir übrigens einem anonymen Futtermittelberater, der bereits in den Achtzigerjahren des vergangenen Jahrhunderts am Mafia-ähnlichen Geschäft mit den Tieren beteiligt war. Als ihm selbst bei jedem Essen flau im Magen wurde, begann er, dem Nachrichtenmagazin "Der Spiegel" gegenüber auszupacken. Dieses machte schon 1988 "Die Schweinerei mit dem Fleisch" zu einer Titelstory, bei der sich der Sonntagsbraten als ein ganz besonderer Satansbraten erwies.

Wenn es um die Minus-*power* in unserer Nahrung geht, scheinen wir jedoch ein kurzes Gedächtnis zu haben. Jahr für Jahr wiederholen sich die Skandale mit den verschiedensten Vorzeichen. Und dies nicht nur in Sachen Tiere. Während man nämlich jahrelang den gläubigen Verbrauchern erzählte, ökologischer Landbau sei zu teuer und nicht einmal gesund, wusste ebenfalls der "Spiegel", also durchaus kein kleines ökologisches "Blättchen" schon in den Achtzigerjahren zu berichten, dass man nicht unbedingt einen kosmischen Durchblick benötige, um zu sehen, wie sehr die konventionelle Landwirtschaft in der Sackgasse sei. Mehr als vier Millionen Tonnen Stickstoff, Phosphat, Kali und Kalk würden von deutschen Bauern jährlich auf ihre Äcker geladen. 330 stattliche Kilogramm also pro Hektar Land! Gekrönt wurden diese Schreckenszahlen noch von 55.000 Tonnen Pestiziden. Aber nicht nur darüber und über 1000 verschiedene Präparate von Insekten-und Unkrautvertilgungsmitteln machte man sich schon damals Sorgen. Bedenklich waren vor allem die mit Hilfe von so viel Chemie produzierten Überschüsse. So zahlte die damalige EG schon 1981 zwölf Milliarden Mark für die Entsorgung der überschüssigen Milch!

DIE LEBENDIGKEITSFALLE SCHNAPPT ÜBERALL ZU

Nichts Neues also unter der mitteleuropäischen Sonne? möchte man sich dabei fragen. Vor allem wenn man weiß, wie sehr seither die Zerstörung angestiegen ist. Aber es gibt doch Neuigkeiten.

Die diversen Bio-Schocks der letzten Jahrzehnte haben es zumindest geschafft, dass nicht mehr nur ein paar grüne Vordenker darauf hinweisen, wie verfahren der Karren ist. Eine ganze Menge Leute begreift, wie sehr die Minus-*power* vor allem dort am Werk ist, wo es um die wichtigste Gemeinsamkeit von Gaia und den Erdlingen geht: bei den Lebens-Mitteln. Heute weiß beinahe jeder, dass er keine echten Lebens-Mittel sondern nur Nahrungs- Mittel bekommt, wenn er nicht selbst die Initiative in die Hand nimmt. Denn die Minus-*power* betrifft Alles und Jedes!

Oder kommt Ihnen beim Hineinbeißen in einen saftigen roten Apfel nichtbiologischer Herkunft nicht der Gedanke, dass dieses Geschenk der Natur Sie vielleicht ein ganz klein wenig vergiftet?

Dass Sie mit den noch vorhandenen Vitaminen nicht nur alle möglichen schädlichen Stoffe aus Kunstdünger und Spritzmitteln gegen Schädlinge zu sich nehmen, sondern dass der Apfel Sie ein dreiviertel Jahr nach der Ernte nicht ohne Grund so pausbäckig anlächelt? Dann können Sie sich aussuchen, mit welchen radioaktiven Strahlen das gute Stück bestrahlt wurde. Denn bestrahlt wird beinahe immer.

Auch hier laufen wir also in die Lebendigkeitsfalle: was vordergründig voller Leben zu sprühen scheint, ist genaugenommen völlig unlebendig, mehr noch: dem Leben entgegen gesetzt.

Die Lebendigkeitsfalle schnappt also sogar dort zu, wo wir glauben, uns besonders gesund zu ernähren. Man muss sich nur fragen, welcher künstliche Bakterienkiller Fruchtjoghurt ziemlich lange vor dem üblichen Schimmel bewahrt. Oder man sieht sich den appetitlichen grünen Salat einmal unter dem Aspekt an, ob die Nitratwerte darin nicht schädlicher sind als die Nützlichkeit der verbliebenen Vitamine.

"Prost Mahlzeit!" möchte man da sagen. Und die Sache wird auch nicht besser, wenn man eines der letzten sogenannten natürlichen Lebensmittel unter die Lupe nimmt: den Fisch .Auch dieser kommt heute selten aus dem offenen Meer oder aus fließenden Gewässern. Alles, was sich züchten lässt, von der Forelle bis zum Lachs, wird zunehmend in riesigen Fischfarmen herangezogen. In Unterwasserkäfigen, in die Fische ebenso eingepfercht werden, wie die Tiere an Land. Ebenso wie im Rinderstall gibt es undefinierbares Trockenfutter, dem oftmals künstliche Farbstoffe beigemengt werden.

Und nachdem sich auch die Krankheiten gleichen, beugt man beim ach so gesunden Fisch ebenfalls mit Tonnen von Antibiotika vor. Wir sind ja so daran gewöhnt, überall und zu jeder Zeit Meerestiere zu essen, dass auch hier die Quantität vor der Qualität kommt.

In diesem Sinne schleppen wir also alle quasi ununterbrochen Tannenbäume in tropische Gebiete. Aber muss das so sein? Mitnichten! Schon seit den Zwanzigerjahren des vergangenen Jahrhunderts behandeln vor allem die Anthroposophen das Land mit altbewährten und doch sehr modernen " sanften" Methoden: Monokulturen sind verpönt, Fruchtfolge und Mistkompost *in. V*or allem aber arbeitet man mit einer Art homöopathischer Pflanzenmedizin.

Belebung des Erdigen, heißt die Devise dabei und so geht es seit beinahe einem Jahrhundert in der Nachfolge des Gründers der Anthroposophie Rudolph Steiner um Gaia-Energie in ihren vielen Formen. Vor allem soll der Kreislauf Erde, Tier, Mensch und Kosmos wiederhergestellt werden. Und nichts anderes versuchen auch alle anderen tapferen Streiter, die Land-Wirtschaft wieder zu dem zu machen, was sie einst war.

Dass dies längst notwendig ist, zeigt uns ja ein Bio-Schock nach dem anderen. Umweltschützer und Tierschützer zeigen seit Jahrzehnten warnend den Wahnsinn des Systems auf. Längst geht es nicht mehr nur um unsere Gesundheit und um die Gesundheit der Erde. Falsches Wirtschaften macht auch die von den Kosten für Dünger, Chemikalien und Giften erschöpften Bauern kaputt. Ebenso aber eine Wirtschaft, die Milliarden für ein falsches Verständnis von Lebendigkeit zahlt.

Darum ist es also heute tatsächlich Zeit für das radikalste Umdenken in der Geschichte der Landwirtschaft überhaupt. Die Mitteln dazu haben wir: Jene Menge überzeugter ökologische Landwirte, die längst bewiesen haben, dass man mit Gaia zusammen besser arbeitet. Vor allem aber auch eine völlig neue Sicht der Nahrung.

Wer nämlich einmal den Unterschied zwischen echtem und unechtem Leben kapiert hat, kann eigentlich nicht mehr zurück!

DAS LICHT IN UNSERER NAHRUNG

Eine sehr genaue Antwort darauf, warum wir möglichst lebendige Nahrung zu uns nehmen sollen, kommt auch von der Wissenschaft.

So verweist etwa der Spiritus rector des internationalen Institute of Biophysics in Neuss Fritz Albert Popp in seinem Buch "Die Botschaft der Nahrung" immer wieder darauf hin, dass wir mit der Nahrung gespeichertes Licht aufnehmen, das unsere Zellen brauchen, um sich gewissermaßen Lebens-Signale zufunken zu können.

Ein Ei ist also nicht nur ein Ei, sondern ein Art Umwandlungsstation von Licht.Und je gesünder die Henne, umso gesünder das Ei, umso mehr Licht nimmt der Mensch auf und umso besser funktioniert auch die interzelluläre Kommunikation in uns.

Eine Frucht, die frisch vom Baum verspeist wird, ist eine andere als eine mit Strahlen jung gehaltene. Ein frisch gepflückter Salat ein anderer als ein vorgewaschener im Plastikbeutel.

Eigentlich ist uns die diese Lichtenergie in allem und jedem ziemlich verständlich, wenn wir einen Apfel pflücken. Schwieriger wird es dann, wenn wir in einem seelenlosen Kaufhaus zwar alles und jedes, dafür nicht sehr viel "Seele" in der Nahrung finden. Trotzdem lohnt es sich, sich auch dort nach möglichst lichthaltigen Menüs umzusehen. Denn nach der Biophotonik, der Lehre von der Lichtstrahlung in jeder Form von Materie, ist Essen tatsächlich viel mehr als Essen!

Über die Nahrung können wir Leben und Gesundheit aufnehmen oder Krankheit und zu frühen Tod riskieren. Ohne die von der Natur vorgesehene Information, ohne möglichst viel Licht in unseren Zellen, passiert nämlich auch das Wachstum in unseren Zellen nicht mehr geordnet. Es kommt zum Chaos und Wildwachstum.

Die Folge kennen wir: es sind unsere Zivilisationskrankheiten - vor allem aber Krebs.

Wer jedoch das Wissen um die Energie in Lebensmitteln ein wenig verkostet, wird mehr und mehr zu identifizierbaren Nahrungsmittel greifen. Wer weiß, wie man selbst die beste Energie speichert, lässt sich in Zukunft nicht mehr so leicht von dem unechten Leben unter der Null verführen.

Denn im Endeffekt lässt uns dies gestresst, unbefriedigt und krank zurück. Einheit, Ruhe, Gesundheit und Magnetismus finden wir nur auf der aufsteigenden Skala. Dort wo sich unsere ursprüngliche Bestimmung mit authentischem Leben trifft.

SYNERGIE: WENN SICH BILLIONEN ZUSAMMENTUN

Die Biophotonen, die Lichtstrahlen, die sich messen und nachweisen lassen, erzählen uns nicht nur die traurige Geschichte eines zu frühen Verfalls der Menschheit.

Die Botschaft von dem Licht in der Nahrung erklärt uns gleichzeitig auch die total aufregende *story* wie alles ineinander übergeht. Wie aus kosmischer Energie Gaia-*power* entsteht, wie diese Kraft uns leben und wachsen lässt. Und wie wir schließlich diese Kraft wieder umwandeln und ins Weltall ausstrahlen.

Versteht man nur ein wenig, wie die Skala der Lebendigkeit auf allen Ebenen funktioniert, dann begreift man auch, dass das, was uns gut tut, auch der Erde und dem All nützt. Wir können also durchaus ein wenig egoistisch sein. Ja ein guter Egoismus für uns ist sogar ein guter Egoismus für Gaia und die Galaxie!

In Sachen Gaia-*vibes* nennt man das Synergie: Billionen Zellen arbeiten sowohl im menschlichen Körper wie auf dem ganzen Planeten für die eigenen Belange aber auch für das Gemeinwohl. Solch eine Synergie in einem Organismus ist unentbehrlich für das Leben.

Geht sie verloren, stirbt der Organismus. Die Ursache für den Verlust aber ist vielfältig: sie beginnt damit, dass wir uns mit Dingen ernähren, die unseren Zellen völlig unnatürlich vorkommen.

Und sie endet beileibe nicht bei wildgewordenen Krebszellen im Körper.

Viel schlimmer sind die "Gedankenwucherungen", die Minus-*power* in unserem Gehirn, die uns alle bedenkenlos und unlebendig leben lässt. Denn die Tannenbäume, die zu Weihnachten unter Palmen geschleppt werden, sind wenige - die Diskrepanz zwischen Bestimmung und Verwendung ist inzwischen in allen Bereichen üblich.

Wein aus Australien oder Südafrika, Designermöbel und Kleider, die durch ganz Europa transportiert werden, Cola anstatt das dringend benötigte Wasser für die vierte Welt. Kriegsgelüste, die nur die Waffenindustrie reicher werden lassen.... Wir können uns die Liste sparen. Jeder von uns weiß selbst sehr genau, dass wir kaum etwas verwenden, was von Natur aus für uns bestimmt wäre und dass dabei nicht nur wir draufzahlen, sondern auch die Umwelt .Genau dies zeigt uns ja nicht nur die Gaia-These, auch die allgemeine Systemtheorie fasst die Welt als eine eng verflochtene und vor allem sinnvolle Hierarchie von Materie und Energie auf. Danach kann nichts für sich allein verstanden werden. Alles ist Teil eines Systems und beeinflusst dieses System.

So will die Erde mit dem Prinzip der Homöostase, der Zusammenarbeit aller Systeme, zwar das Beste für ihre Kinder, es gibt aber auch den Begriff des "*feedback*", der Rückbeeinflussung. Bezogen auf die Natur nennt man dies Ökologie, den Zusammenhang zwischen Organismen und Umgebung.

Die Verletzung dieses Gesetzes führt automatisch zu Unausgewogenheiten im ganzen System. Eine Tatsache, die sich vor allem die Gen-Forschung genau überlegen sollte.

Bei allem Für und Wider gilt vor allem bei gentechnisch manipulierten Pflanzen nämlich ein Grundsatz: man weiß nicht, was auch die schönste gentechnisch manipulierte Sojabohne, die alle Angriffe von Unkraut-Vernichtungsmitteln dank ihrer Manipulation überstanden hat, schließlich in unseren Zellen anrichtet.

Denn sowohl die Homöostase als auch der stufenartige Aufbau des Universums beweist eine dritte große Komponente der Gaia-Energie: Die Formen des Lebendigen sind nicht - sie geschehen. Lassen Sie sich den letzten Satz auf der Zunge zergehen und Sie bemerken, wie unser ziemlich statisches Weltbild plötzlich lebendig wird - im guten wie im schlechten Sinn. Wenn nichts "*ist*", sondern alles ununterbrochen neu "*geschieht*", dann ist auf diesem Planeten eigentlich alles möglich! Bisher hat "Gaia" uns dies mit einer erstaunlichen Kreativität und einem phantastischen Zusammenspiel aller ihrer verschiedenen Systeme bewiesen. Wie toll dieses funktioniert und wie folgerichtig es aufgebaut ist, beweist uns erst heute die Wissenschaft.

WAS DIE ERDE, DER MENSCH UND DIE GESELLSCHAFT GEMEINSAM HABEN

Einer der Pioniere der Systemtheorie, J. Grier Miller, zog in seinem Hauptwerk " *Living Systems*" erstaunliche und immer wieder faszinierende Parallelen zwischen Erde, Mensch und Gesellschaft.

Demnach wäre die menschliche Lunge vergleichbar mit der Atmosphäre der Erde, das Temperaturgefälle in Atmosphäre und Meer mit dem Blut des Menschen, die Protein-Synthese mittels DNS mit der Fortpflanzung aller Arten auf dem Planeten; Moose, Flechten, Mineralien und Humus mit unseren Zähnen, dem Magen und der Leber.

Die Ablagerungen in den Meeren und die Gasabwanderungen in der Hochatmosphäre kämen unseren Verdauungsorganen gleich, die Muskeln den Gezeiten, dem Klimawechsel und Kontinentalverschiebungen.

In allen lebenden Systemen gibt es zudem die verschiedensten Möglichkeiten, die Umwelt wahrzunehmen. Miller nennt die dazu notwendigen Subsysteme diejenigen des Informationsaustausches.

Und auch hier zeigen sich erstaunliche Parallelen zwischen Funktionen im menschlichen Körper und entsprechenden Mechanismen innerhalb der menschlichen Gesellschaft. Demnach wären Augen und Ohren mit Auslandsnachrichtendiensten zu vergleichen sowie mit der Reaktion von Tieren und Pflanzen auf verschiedene Tages-und Jahreszeiten.

Der den Wärme-und Salzhaushalt des Körpers überwachende Hypothalamus ließe sich mit Demoskopien und politischen Parteien gleichsetzen. Analog dazu aber auch mit der Reaktion von Pflanzen und Tieren auf Katastrophen - und damit einhergehenden Veränderungen unserer Umwelt.

Tierwanderungen, aber auch frühe Völkerwanderungen, Vogelzüge und die Verbreitung von Samen kämen den Medien, dem Telefon und dem Internet gleich. Dieselbe Funktion hat im menschlichen Körper das Nervensystem inne. Die Netzhaut des Auges hätte innerhalb der Biosphäre ihr Pendant in der Kommunikation der Arten und in der Reaktion auf andere Lebewesen. Innerhalb der menschlichen Gesellschaft erfüllen diese Funktionen Dolmetscher und auf politischer Ebene die Außenminister.

Schüler und Studenten entsprächen den Schläfen-und Stirnlappen. Das Gehirn wiederum lässt sich mit Bibliotheken und Datenbänken, sowie den Genen als Informationsträger auf evolutionärer Ebene vergleichen.

Die Artikulation und die Mimik des Menschen besorgen auf gesellschaftlicher Ebene TV-Sender und Regierungssprecher. Für "Gaia" tut dies die Hochatmosphäre, die Gasabströmung und die Strahlung.

Wie erstaunlich und wissenschaftlich trocken solche Vergleiche auch klingen, so alt und selbstverständlich ist das Gespür der Menschen für die ähnliche Entwicklung von Erde, Mensch und Gesellschaft. Die alten Griechen sprachen ebenso wie manche Indianerstämme heute noch vom Zürnen der Erde, wenn es donnert. Ein Systemtheoretiker würde solches als Verschiebung in der Atmosphäre bezeichnen. Im Grunde genommen aber meinen alle drei dasselbe. Die Systemtheorie vergleicht ähnliche funktionale Abläufe zwischen verschiedenen Systemen; die alten Griechen und moderne Indianer vermenschlichen gefühlsmäßig die Erde. Für sie "gebiert" die Erde immer wieder neues Leben, für sie sind wir Kinder der Erde. Dem würde weder die Gaia-Hypothese noch die Systemtheorie im Prinzip widersprechen. Doch letztere geht einen gewaltigen Schritt weiter.

Für den Systemtheoretiker gibt es neben den zur Aufnahme, Umwandlung und Abgabe von Materie notwendigen Subsystemen und den Input-Transduktoren, welche Informationen in das System hineintragen, auch Reproduktoren. Diese schaffen neue Systeme und geben ursprüngliche Informationen weiter.

Was sich so kompliziert anhört, sind also im menschlichen Körper die Geschlechtsorgane und in Sachen Gesellschaft Kolonien im Ausland.

In Bezug auf "Gaia" indessen steht hinter dem Reproduktor ein großes Fragezeichen. Könnten damit in den Weltraum abgehende Viren gemeint sein? Ein künftiger interplanetarer Reiseverkehr? In der Wissenschaft stellt man sich die Frage, welche Energien die Erde liefert, übrigens schon seit geraumer Zeit.

.So gibt es nicht wenige Astronomen, die heute die Galaxien als riesige arbeitende Maschinen betrachten. Andere gehen noch einen Schritt weiter und sprechen von Galaxien als lebenden Organismen, die tatsächlich alle Merkmale der "Reproduktion" erfüllen: neue Sterne, ja ganze Sternensysteme werden ununterbrochen neu geboren.

Und inmitten dieser gewaltigen kosmischen Dramaturgie immer wieder wir selbst und der blaue Planet mit seiner Gaia-Energie! Einer Energie also, die er nach allen Gesetzen, die wir kennen, aus dem Kosmos bekommt und wieder in den Kosmos abgibt.

Wenn wir uns daher noch einmal fragen, was wir dem Kosmos eigentlich als Dank für unser Leben zurück erstatten, so kommen wir darauf, dass nicht nur in uns und unseren Mägen sehr viel Unlebendiges landet, sondern auch draußen im Weltall.

Auch dort stören wir mit unserer falschen Vorstellung von Lebendigkeit ununterbrochen den Kräfteaustausch. Was früher die Rauchopfer für die Götter waren, scheinen heute die Abgase zu sein.

Wer lachend meint, das All sei viel zu groß für eine Beeinflussung durch einen Floh namens Erde, denke an alle die Nahrungsmittel mit Minus-*power*: Auch sie töten uns nicht auf Anhieb. Unser aller Gleichgewicht ist jedoch bereits so empfindlich gestört, dass wir mit Allergien darauf reagieren. Wir sind also längst nicht mehr nur für uns und für die Erde verantwortlich - auf nächst höherer Ebene sind wir Mitschöpfer des Kosmos.

WARUM WIR AUF DIESEM PLANETEN GELANDET SIND

Erstaunlicherweise gibt es tatsächlich eine Stufenleiter des Lebens, die der Skala der Lebendigkeit sehr ähnlich ist. Sie reicht vom Atom über das Molekül bis hinauf zum Einzeller und zum Menschen. In kosmischen Maßstäben steht der Mensch, das Ende dieser Stufenleiter, größenmäßig heute genau in der Mitte zwischen Atom und Stern. 10 hoch 28 Atome bilden nämlich den menschlichen Körper. Zehn hoch 28 menschliche Körper liefern annähernd genug "Stoff" um einen Stern aufzubauen. Dabei liegt die Frage nahe, warum nur die erste Hälfte dieser Stufenleiter belebt, die andere aber inzwischen völlig brach liegt.

Vielleicht aber trifft sich genau diese Frage mit jener, welche Energien die Erde abgibt.

In vielen Gebieten des modernen Lebens verwischen sich ja heute die Grenzen zwischen Geist, Bewusstsein und Materie. Dabei mehren sich auch die wissenschaftlichen Anzeichen dafür, dass nicht nur der Mensch von einer Aura umgeben ist, in der sich seine Energien, seine Gefühle und sein Denken widerspiegelt - sondern auch die Erde.

Wenn man sich nämlich fragt, was Gedankenformen nun wirklich sind, was uns zu bedenkenlosen Geschäftemachern mit Minus-*power* im Kopf oder zu Baumeistern des Lebens macht, so kommen wir nicht umhin, Gedanken als eine Energie zwischen Materie und Bewusstsein zu bezeichnen. Als eine Energiekonfiguration sozusagen, die im Raum existieren kann. Solche Gedankenfelder könnten aber nicht nur unsere Aura mitbestimmen, sondern auch ein Denkfeld der Erde schaffen.

Es würde jenen berühmten morphogenetischen Feldern gleichen, die heute die modernste Wissenschaft mit dem ältesten esoterischen Wissen verbinden.

Mit ihnen werden nämlich, wie wir noch sehen werden, viele uralte Geheimnisse wieder lebendig.

Und auch die Erde wird zu jener Mutter, als die sie die alten Griechen sahen. Inzwischen genügt es jedoch, von der Aura der Erde als einer Art riesigem "Denkfeld" zu sprechen, das wir alle mitbestimmen.

In diesem Fall wären wir nämlich nicht nur 10 hoch 28 "groß", sondern so mächtig wie unsere Gedanken! Und die Energie unserer eigenen Aura, unser eigener Magnetismus, würde die Aura von "Gaia" mitbestimmen!

Ein mentales Energienetz um die Erde ist allerdings nicht ganz so neu wie sich dies manchmal anhört. Bis heute vermutete man vor allem in der Esoterik und der Psychologie, dass sich solch eine riesige Hülle aus den kollektiven Erfahrungen der Menschen zusammensetzt. Die Theosophen nannten es die Akasha-Chronik. Der Schweizer Psychoanalytiker C.G.Jung sprach von Archetypen und archetypischen Erfahrungen, die sich auch in allen Mythen der Menschheit widerspiegeln.

Schaut man sich also heute eines der Weltraum-Epen an, die Kino und Fernsehen mehr als alles andere beleben, so liegt das Wissen vom Energieaustausch zwischen "Gaia" und der Galaxie ebenso in der Luft, wie das Gefühl dafür, dass alles aus höheren und niederen *vibes* besteht. Aus Energie, die sich bekämpfen oder ergänzen kann.

Nachdem wir jedoch das "ergänzen" noch nicht gelernt haben, wird auch zwischen den verschiedensten Sternenflotten munter gekämpft. So als ob wir uns von heute auf morgen in ebenso streitsüchtige "Sternenkinder" verwandeln würden, wie wir dies als "Erdenkinder" gewohnt sind.

Dabei vergessen wir ganz, dass an diesen "Erdenkindern" und an ihrer vorläufigen Un-Lebendigkeit kein Weg vorbei führt.

Wir machen uns nämlich viel zu wenig klar, dass alles, was wir sind, unsere Gedanken, Wünsche und Hoffnungen aus einem sehr irdischen Körper kommen und mit diesem untrennbar verbunden sind.

Ob wir ins Weltall auswandern wollen oder in den verschiedensten Arten der Meditation in andere Dimensionen vorstoßen: in jedem Fall hängt dies zuerst vom Energie-*level* unseres Körpers ab. Schon deswegen heißt es auf dieses "Fahrzeug" ebenso Achtzugeben wie auf das "Raumschiff Erde".

Aber auch auf rein irdischer Ebene ist die höchst mögliche Synergie dieses "Fahrzeuges" nicht zu verachten: Wir brauchen nur daran zu denken, wann wir uns magnetisch, rundherum *high,* voller genialer Ideen und als Höhepunktler fühlen - und schon wissen wir instinktiv, dass all dies auf einem gesunden und energiereichen Körper beruht. Und für diesen Körper brauchen wir Gaia-Energie in ihrer besten Form. Nämlich in genau jener, die Mütterchen "Gaia" vorherbestimmt hat.

Nicht umsonst bedeutet "biologisch", die Logik vom Leben. Und genau mit dieser Logik begreifen wir heute, wie alles und jedes miteinander verbunden ist, alles und jedes Energie und Leben aufnimmt und weitergibt.

Dabei kommt uns auch jener phantastische Geistesblitz, der uns zuflüstert, dass im Spiel des Lebens vielleicht deswegen so genial für uns gesorgt wird, weil unsere Gedanken und Gefühle als Nahrung für die Galaxie bestimmt sind.

Genau dies aber könnte ungeahnte Folgen haben: unabhängig von Göttern und Gottesbildern wüssten wir endlich, warum wir auf diesem Planeten gelandet sind!

Gleichzeitig hätten wir den tollsten Grund, jeden Tag ein wenig höher auf der Skala des Lebens hinaufzuklettern: Alle unsere Energien wären auch Energien für das Weltall.

Und genießend ernährt man das Universum schließlich um einiges besser als kämpfend und jammernd!

EVOLUTIONS-SPIELE

Urgroßmutter Erde

Manchmal empfinden trotz Stress und Minus-power sogar wir modernen Menschen die Erde noch als Mutter: dann, wenn wir mit natürlichen Materialien arbeiten, geruhsam an einem See oder auf einem Berg sitzen oder gärtnern.

Verbinden wir uns nämlich auf ursprünglichste Art und Weise mit dem Planeten, ergibt dies einen Sinn, den wir inmitten all der künstlichen Dinge, die uns umgeben, vergessen haben. Vor allem ruhen wir dann auch ohne besondere Gaia-Meditation in unserer Mitte.

Falls Sie diese in letzter Zeit geübt haben, haben Sie sicherlich entdeckt, wie ungeheuer beruhigend es für unser Nervensystem ist, mit jenen Frequenzen in Kontakt zu kommen, die alles und jedes bestimmen und von Anfang an in unseren Genen liegen: einatmen, ausatmen - alles pulsiert, unser Bauch, unsere Drüsen, unsere Wirbelsäule.

Unsere Haut dehnt sich aus und zieht sich zusammen.

Das Weltall pulsiert.

Dieses Pulsieren aus dem Nabelzentrum heraus ist das Leben selbst! Es ist jenes Zentrum, durch das wir mit allem verbunden sind und das nie verloren geht.

Dasselbe passiert, wenn wir auf diese oder jene Art zu "Gaia" zurückkehren, so in ihrem "Schoß" ruhen, wie es die ersten Bewohner dieser Erde taten. In Ihnen lebte ein Urwissen von dem verbindenden Band zwischen allem Lebendigen, das man sich vorstellen kann, wenn man sich fragt, was das Leben zu den verschiedenen Zeiten lebenswert machte.

Machen Sie die Probe aufs Exempel! Versetzen Sie sich für eine lustige Viertelstunde in die Haut, vor allem aber auch in den Bauch eines frühen Menschen.

Als erstes werden Sie nämlich dabei darauf kommen, dass der Körper sofort begreift, was er zu fühlen hat. Er war es schließlich, der unsere Vorfahren dazu animierte, die Welt zu erkunden, sich anderen Wesen mitzuteilen, sich Nahrung und Unterschlupf zu besorgen.

Wie Kinder, die in die Welt hinauskriechen, wurde auch in den Urzeiten das Denken erst sehr viel später aktiv.

Sie brauchen sich nur kurz in die Rolle eines Jägers hineinzudenken, der in der Steppe mit groben Ästen auf die Jagd geht. Es gilt, kostbares Fleisch für die Horde zu beschaffen. Man verständigt sich knurrend, läuft, versteckt sich, greift gemeinsam ein Tier an. Anschließend wird die Beute mit groben Steinen zerschnitten und hinunter geschlungen.

Wenn Sie dann in Gedanken einen großen Evolutionssprung von 1,5 Millionen Jahren machen, wird es schon ein wenig gemütlicher. Stellen Sie sich vor, Sie würden zum ersten Mal Feuer sehen! Zuerst erschreckt es Sie, dann aber begreifen Sie, was man damit alles anfangen kann.

Nun werden auch die ersten Hütten gebaut, man schläft in Fellen um das Feuer, das nicht nur Wärme, sondern auch Sicherheit und Schutz bedeutet.

Von nun an beginnen die Menschen immer mehr die Erde zu beachten und von ihr zu lernen. Die Zeit schreitet voran, ja sie wird beinahe modern als es wahrscheinlich eine Frau ist, die das Geheimnis des Lebens entdeckt.

Schlüpfen Sie auch in ihre Rolle! Die Männer sind auf der Jagd und plötzlich entdecken Sie, wie draußen vor der Hütte aus einem im Herbst verloren gegangenen Getreidekörnchen zartes Grün zu keimen beginnt.

Neugierig beobachten Sie jeden Tag das Wachsen und dann steigt ein revolutionärer Gedanke in Ihnen auf: Was wäre, wenn man mehr Getreidekörner in den Boden legen würde? Im nächsten Jahr haben Sie bereits Ihr kleines Feld und während Sie es beobachten, schauen Sie vielleicht auf Ihren eigenen wachsenden Bauch.

Und irgendwo dämmert Ihnen, dass es Verbindungslinien zwischen dem Feld und dem Kind gibt, das Sie bald zur Welt bringen werden. Gleichzeitig fühlen sie sich stark und mächtig! So wie die Erde sind Sie die Lebensspenderin!

Die Männer weit draußen auf der Jagd haben noch lange keine Ahnung von Ihrer Rolle als Erzeuger.

Im Matriarchat sind die Dominierenden die Mütter und Frauen. Sie kümmern sich um den Vorrat, um die Kinder und die ersten Haustiere. Sie waren es, die das Nomadenleben beendeten und in die ersten bäuerlichen Siedlungen zogen. Aber ob man jetzt in die Rolle des Mannes, in die einer Frau oder am besten in beide schlüpft - eines fühlt man sofort: Die ersten Menschen lebten mit und für die Erde. Sie beobachteten sie nicht nur, sie waren auch ein Teil von ihr.

DER POSITIVE EGOISMUS

Ökologie ist in den letzten Jahrzehnten zu einem vor allem politischen Schlagwort geworden. Viele nehmen es in den Mund, aber nur wenige füllen es letztendlich auch mit wirklichen Inhalten aus.

Aber was bedeutet jenes Teilgebiet der Biologie, das sich mit der so oft zitierten Beziehung zwischen einem Organismus und seiner Umwelt beschäftigt wirklich? Was bedeutet es vor allem für den Menschen?

Die Frage lässt sich vielleicht am besten mit einer anderen, auf Anhieb vielleicht überraschenden Frage beantworten: Wer lehrt uns das Glücklichsein?

Denn wenn wir glücklich, rundherum zufrieden und ausgeglichen sind, funktioniert die Ökologie unserer Gefühle.

Wir verstehen uns mit unseren Mitmenschen. Wir fühlen uns wohl in unserer Umwelt. Wir behandeln die Welt entsprechend unserer tollen Stimmung. Mit einem Wort: alles stimmt!

Und tatsächlich hätten wir für ein solch hundertprozentiges "*okay*-Sein" ja auch alle Voraussetzungen. Geschaffen aus lebendigster Gaia-Energie könnten wir eigentlich alle Pluspunkte dieser *power* für uns beanspruchen: höchste Vitalität und Kreativität, größtes Glück, beste Gesundheit und eine Intelligenz, die vor genialen Einfällen nur so sprüht. Vor allem aber die Liebe als eine Art unsichtbaren Motor hinter den Dingen. Denn genau genommen, stresst sich niemand des lieben Geldes wegen ab, niemand arbeitet sich wegen irgendeiner Aufgabe zu Tode. Wir alle wollen vor allem Liebe, Achtung und Anerkennung und glauben, dies über die verschiedensten Umwege ergattern zu können.

Dabei vergessen wir etwas sehr Einfaches, etwas das Sie vielleicht schon entdeckt haben, wenn Sie sich bei Ihrer täglichen Gaia-Meditation wie ein Luftballon mit bester Gaia-Energie anfüllen: Der Kuss von Mutter Erde, die Liebe ohne alle Bedingungen ist immer und jederzeit vorhanden. Wir müssen nur lernen sie zuzulassen! In Sachen Erotik, Liebe und tollstem Selbstgefühl sind wir nämlich alle Analphabeten.

Wir können das einfachste Rätsel der Liebe noch immer nicht entschlüsseln. Wir laufen und laufen und glauben, sie uns irgendwo weit draußen besorgen zu können - dabei müssten wir nur stillstehen und sie vorerst einmal in uns selbst suchen. Der positive Egoismus, den wir so dringend benötigen, ist ja nichts anderes als jene ganz simple, aus der puren Lust am Leben geborene Selbstliebe, die wir leider nie gelernt haben.

Machen Sie den Versuch: packen Sie sich die einfachste und gesündeste Nahrung, Obst, Brot, Käse und Wasser in einen Rucksack. Dann wandern Sie einen schönen langen Tag durch eine möglichst einsame Landschaft!

Wenn Sie zurückkommen, wissen Sie, was guter Egoismus ist! Und Sie ahnen jene bittere Wahrheit, die sich bis heute nur sehr wenige Menschen eingestehen: Der Knick auf der Skala der Lebendigkeit, der Bruch mit der Natur, schafft nicht nur verschiedene Typen, er lässt in uns allen auch ein gähnendes Loch zurück. Draußen im Wald oder auf den Bergen haben Sie von diesem Loch nichts gespürt. Dort fühlte sich ihr Körper sicher, ihre Gefühle waren im Einklang mit sich selbst und der Natur. Sobald wir aber zurück in unserer gewohnten Umgebung sind, herrscht wieder Öde und der daraus entstehende Aufruhr und Krieg.

Und immer wieder fragen wir uns, wie so etwas möglich ist, wie wir uns in dem einen Augenblick mächtig, stark und *high* - und dann wieder wie ausgewechselt, ausgelaugt, erschöpft und aggressiv fühlen können.

Die einfachste Antwort darauf kann Ihnen Ihr inneres Kind geben. Es erinnert sich nämlich vielleicht ebenfalls an eine Zeit, in der Sie allein in der Natur waren. Damals zählten Sie vier oder fünf Jahre und versteckten sich irgendwo in einem Wald. Vielleicht träumten Sie auch in einem Park in der Stadt in einer Höhle aus Büschen vor sich hin. Und plötzlich glaubten Sie Elfen und Kobolde, vielleicht auch ein paar Indianer um sich zu sehen.

Nach Hause zurückgekehrt, waren diese eigenartigen Gestalten natürlich Gesprächsstoff Nummer eins. Aber wer glaubte Ihnen, dass sich im Wald oder im Park Elfen verstecken? Oder vielleicht sogar Bewohner von fremden Sternen?

DAS INNERE KIND SPIELT IMMER DIE GLEICHE ROLLE

Mit der Logik von Erwachsenen erklärte man Ihnen, dass es Feen nur im Märchen und Außerirdische nur in Filmen gibt. Niemand nahm Rücksicht darauf, dass Kinder andere Dinge als Erwachsene sehen. Vor allem aber darauf, dass die Geschichten im Kopf manchmal realer sind als jene der Außenwelt. Wieder einmal wurden also Gefühle verletzt und der Knick auf der Skala der Lebendigkeit ein wenig größer.

Erinnern Sie sich an die ersten und einfachsten Schaltkreise eines Computers? Wie wir gesehen haben, bestimmen sie nicht nur das Grundsatzprogramm von Maschinen. Auch uns passiert in Sachen Selbstvertrauen und Selbstsicherheit dasselbe: Auf den ersten, den Ein-Bit-Schaltkreis des Körper-Denkens wird zwischen Vier und Zehn der Schaltkreis des Fühlens gesetzt. Kinder in diesem Alter sind Emotion pur und lernen mit Hilfe von Gefühlen. Sie gleichen jenen alten Kulturen, in denen das Leben eines Menschen in die großen Mythen eingebettet war. In solchen Geschichten besuchten noch die Götter die Erde. Und für die Menschen war alles heilig: Tiere, Bäume, Berge.

Falls Ihnen Ihr inneres Kind jetzt zuflüstert, dass Sie um einiges schlimmer dran waren, dass Ihnen weder eine Fee und schon gar nicht E.T. geglaubt wurden, dann haben Sie auf Anhieb auch die Lösung für beinahe alle Ihre Probleme.

Die Ökologie unserer Gefühle wurde nämlich mit bestem Wissen und Gewissen genauso verunsichert wie die natürliche Selbstsicherheit unseres Körper-Denkens. Darum sind wir nicht nur Tyrannen, unnahbare oder hilflose Typen, vielleicht auch Vernehmer. Viel schlimmer ist die Tatsache, dass tief drinnen in uns nichts Dauerhaftes vorhanden ist.

Alles, was wir vordergründig sind, unsere Persönlichkeit, unsere Vorlieben, unsere Hobbies basieren eigentlich auf diesem "Nichts", auf einem gähnenden Loch!

Falls Sie dieses "Nichts", das wir eigentlich alle sind, jetzt schockiert, bleiben Sie *cool*! Denken Sie ganz einfach an den Grundsatz, dass es eigentlich nichts Schlechtes gibt, das nicht auch sein Gutes hat. Danach steht auf der anderen Seite des "Nichts" nämlich genau jenes "Alles", das uns wieder zu ganzen Menschen machen kann.

Wer einmal in vollem Ausmaß dahinter gekommen ist, wie groß der Knick in der Lebendigkeits-Skala ist, kann ihn auch sehr schnell wieder begradigen. Einstmals haben Sie dies ganz unbewusst versucht. Wie schon im Sandkasten fühlten Sie sich auch in Sachen Gefühle nicht hundertprozentig akzeptiert, nicht hundertprozentig geliebt. Diese Unsicherheit wollten Sie kompensieren. So gingen Sie auch gefühlsmäßig noch ein Stück weiter in Richtung Vorstoß oder Rückzug und der ursprüngliche Rechthaber oder der Feigling wurden noch ein wenig mehr gefestigt.

Wer heute dieses einfache Spiel entlarvt, weiß auch sofort, dass wir nicht *nur* Macht ausüben oder *nur* resignieren müssen. Niemand von uns muss als Tyrann oder Rechthaber, als Unnahbarer oder Hilfloser uralte Körpererinnerungen und Gefühle ein Leben lang mit sich herumschleppen. Wenn wir unsere Ängste und Widerstände, unsere Wut und unsere Tränen als die Reaktion auf das "Nichts", auf das schwarze Loch im Universum all jener Möglichkeiten ansehen, die wir nicht voll ausleben durften, können wir sie sehr schnell ändern.

Vor allem, wenn Gefühle am Werk sind, ist das alte innere Kind sehr leicht zu durchschauen. Beobachten Sie sich, wenn Sie wütend sind! Sie werden erkennen, dass Sie immer dieselbe Rolle spielen. Schauen Sie sich zu, wenn Sie traurig, pessimistisch oder niedergeschlagen sind - es ist dieselbe Art und Weise, auf die Sie vor vielen Jahren mit negativen Gefühlen umgingen!

Heute jedoch wissen wir, dass dies nur ein Ersatz für all die Lebenslust ist, die die Mitgift der Natur ist.

Diese Lebenslust lässt sich wiedergewinnen! Versetzen Sie sich noch einmal in Ihren Mittelpunkt! Spüren Sie, wie die alles heilende Gaia-Energie Sie ohne "Wenn" und "Aber" leben lässt! Sofort bekommen Sie eine Ahnung davon, dass sich das "Nichts" in Ihrer Mitte mit Selbstvertrauen und Selbstliebe schließen lässt.

EVOLUTIONS-SPIELE

Die Welt ertasten

Die amerikanische Bewusstseinsforscherin Jean Houston, auf deren Forschungen viele dieser Übungen aufgebaut sind, ist davon überzeugt, dass Einübungen in die Sinne unsere Aufmerksamkeit für die Umwelt und für den Reiz des Alltäglichen in ungeahntem Ausmaß steigern.

Was könnte also geeigneter sein, um aus dem Loch des "Nichts" zur Freiheit des "Alles" vorzustoßen als neuriechen, schmecken und tasten zu lernen. Denn tatsächlich sind unsere drei ersten und grundlegendsten Sinne die Grundsteine unserer gesamten Sinnlichkeit. Zwar hat Sinnlichkeit auf den ersten Blick eher einen sexuellen Beigeschmack. Die Art und Weise, wie wir die Welt sinnlich wahrnehmen ist jedoch noch sehr viel mehr! Sie bestimmt zu einem großen Teil unser Fühlen und unser Denken.

Der Tastsinn spielt dabei eine oft verkannte Rolle. Normalerweise sind seine Fühler jedoch so verkümmert, dass er uns tatsächlich nur dann zu Bewusstsein kommt, wenn es um Sex geht oder wenn wir Kinder oder Tiere streicheln.

Dabei macht gerade das Tasten und Fühlen ungeahnten Spaß. Lassen Sie darum das nächste Mal nach Ihrer morgendlichen Gaia-Meditation die Augen für einige Zeit geschlossen. Gleichzeitig versuchen Sie das Leintuch unter sich zu spüren und mit Ihren Fingern all das abzutasten, was Ihnen gerade in den Sinn kommt. Dieses Buch neben Ihrem Bett, den Wecker, die Weiche oder Härte des Kopfpolsters, Ihre Bettwäsche, den Teppich neben dem Bett, vielleicht auch Ihren Partner oder

Ihre Partnerin. Machen Sie all dies im Zeitlupentempo und beobachten Sie genau, wie ihre Finger und Ihr Rücken reagieren.

Im Laufe des Tages können Sie die Übung ausweiten: streichen Sie genussvoll über eine schöne Holzplatte. Fühlen Sie genau nach, wie sich Ihre Kleidung trägt. Lassen Sie sich vom Rhythmus eines Autos, von einem Bus oder der U-Bahn hin-und herschaukeln. Versuchen Sie dann langsam auch Dinge zu genießen, gegen die Sie sich normalerweise wehren: den Regen auf der Haut, Hitze oder Kälte, Wind oder Sturm. Beobachten Sie dabei genau den Unterschied zwischen diesem genussvollen Akzeptieren und der ansonsten üblichen Abwehr. Wenn Sie zwischendurch einmal ein paar freie Minuten haben, stellen Sie diese Diskrepanz ganz bewusst her: Atmen Sie ein paar Mal tief durch und versuchen Sie, Ihre Muskeln völlig zu entspannen und sich dabei Genuss vorzustellen!

Dann spannen Sie alle Muskeln an und imaginieren irgendeine besonders ärgerliche oder überaus stressige Situation.

Üben Sie dieses Ent-und Verspanntsein solange, bis Sie es ohne jeden Zweifel auf Ihrer Lebendigkeits-Skala einreihen können. Das eine auf der "Plus-Eins" für körperliches "okay-Sein", das andere auf der "Minus-Drei" für körperliches Unbehagen. Sobald Sie dann wieder einmal weit hinunterrutschen, versuchen Sie "Genuss" mit dem ganzen Körper zu mobilisieren und möglichst schnell wieder zu einem Körper zu kommen, der hundertprozentig okay ist.

An einem der nächsten Abende können Sie ein anderes Tast-Spiel versuchen: Holen Sie sich Ihren Lieblingspullover, ein Handtuch, einen tollen Anzug oder ein tolles Kleid.

Was immer es aber ist, suchen Sie sich ein Stück aus natürlichen Materialien aus. Herrlich weiche Seide, kühles Leinen, flauschige Baumwolle oder wunderschöne Wolle.

Dann schließen Sie die Augen und beginnen Sie das gute Stück so intensiv wie möglich zu spüren. Achten Sie dabei nicht nur auf die Oberfläche des Gegenstandes, sondern vor allem auf das Gefühl in den Spitzen Ihrer Finger.

Danach stellen Sie sich das Kleidungsstück als eine intensive Quelle des Vergnügens vor. Es macht Ihrem Körper höchsten Spaß, indem es Ihre Haut streichelt, gut riecht, sich gut tragen lässt. Versuchen Sie dieses Vergnügen aber nicht in Ihrem Kopf, sondern im ganzen Körper, auf der ganzen Körperoberfläche so intensiv wie möglich zu spüren...

Nun öffnen sie die Augen und stellen Sie sich vor, wie viel Vergnügen solch ein durch und durch natürliches, Kleidungsstück nicht nur Ihnen macht, sondern auch dem Stückchen Erde, auf dem die Pflanzen dazu vielleicht sogar biologisch aufwachsen durften. Vielleicht auch noch, wie viel Allergien Sie sich eventuell ersparen, indem Sie keine Gifte an Ihre Haut lassen.

Vor allem aber machen sie sich klar, dass Sie mit solchen Übungen auch ein neues Qualitätsbewusstsein lernen lässt, das sich auf unsere Art, uns zu kleiden, zu essen und zu wohnen auswirkt.

Lebendige und neu aktivierte Sinne können also tatsächlich dazu beitragen, dass wir viel von dem überflüssigen Quatsch vergessen, der uns einengt und zu alledem uns und der Umwelt Unmengen kostet. So ist es höchst an der Zeit, dass wir den dämlichen Terror der Mode vergessen und endlich in Kleider schlüpfen, die gesund sind, unsere speziellen Vorlieben spiegeln und unserer Umgebung entsprechen. Unsere Wohnungen müssten nicht mehr länger nur dem Trend entsprechen, sondern könnten endlich lebendig werden. Und auch Essen könnte wieder zu dem werden, was es ursprünglich war: Einfach ein Fest für unseren Körper.

WER LEHRT UNS GLÜCKLICH ZU SEIN?

Ökologie, wirkliche Ökologie, beginnt also zuerst beim Menschen selbst. Bei seiner Reise nach Hause, zu all seinen verschütteten und nie entwickelten Fähigkeiten. Und hier könnte man sagen: Es ist noch nicht alles verloren.

Der Mensch hat eben nicht nur den blauen Planeten zum ersten Mal aus einer riesigen Entfernung gesehen und entdeckt, dass er lebt. Angesichts vieler existentieller Krisen beginnt er auch sich selbst mit anderen Augen zu betrachten.

Wir wissen es bereits, aber es lohnt sich, es auch immer wieder zu betonen: wir sind tatsächlich die erste Generation in der menschlichen Geschichte, die mit Vergnügen bereit ist, sich zu verändern, das Bild von sich zu korrigieren und zu verschönern.

Und welche Frage ist bei dieser Verschönerung wichtiger, als diejenige nach Glück?

Wir können also gar nicht oft genug fragen: Wer lehrt uns glücklich zu sein?

Gleichzeitig können wir uns nicht oft genug jene Antwort darauf geben, die wir bereits kennen. Niemand kann uns das vergnügliche Spiel des Lebens abnehmen, jeder muss selbst entscheiden, ob er unter oder über der Null lebt.

Die Null als die magische Zahl schlechthin, als Zeichen für das "Nichts" und das "Alles", gleicht übrigens nicht ohne Grund jenem schwarzen Loch, das alle lebendigen und alle unlebendigen Möglichkeiten in sich birgt. Sie ist jenes fatale Null-Stadium des Roboter-Daseins auf der Lebendigkeits-Skala, in dem viele Menschen kaum mehr etwas spüren. Gleichzeitig kann die Null aber auch zu jener Kraft werden, die unserem Leben eine neue Richtung gibt. Wir müssen sie nur als heilsame Leere begreifen, von der aus alles möglich wird. Der Weg führt nicht ausschließlich zu mehr an "*Haben*" - es gibt auch eine Weggabelung zu jenem mehr an "*Sein*", das heute wichtiger denn je ist.

Auch dieser berühmte Vergleich des Psychoanalytikers Erich Fromm geht ja davon aus, dass wir uns anstatt der ursprünglichen Triebbefriedigung alle möglichen Ersatzenergien holen. Wir sind so sehr auf das „*Haben*“ versessen, dass die wenigsten Leute das „*Sein*“ überhaupt kennenlernen.

Der Bruch zwischen dem Lernen der Natur und der Kultur, jener evolutionäre Knick, den es endlich voll und ganz auszuloten gilt, scheint also überall vorhanden zu sein. Genau genommen passiert er ja nicht nur Kindern, sondern ganzen Völkern und Kontinenten.

Als einst die Spanier sich zur Eroberung Südamerikas aufmachten, waren es nicht nur Gedanken an die neue Welt, die dahinter steckten, es waren vor allem Gefühle: Stolz, die Gier nach Gold, die Gier nach Macht!

Und so war die Conquista zweifellos ein gewaltiger Schritt in der Geschichte der Menschheit, ob es jedoch ein besonders gelungener Schritt in Richtung Lebendigkeit war, lässt sich heute bezweifeln. Man holzte dabei nicht nur gewaltige Wälder in Spanien selbst ab und verkarstete für die Flotte einen großen Teil Südeuropas. Auch mit den Völkern jenseits des Ozeans ging man nicht viel anders um. Was nicht ausgerottet wurde, verkrüppelte man.

Das "*Sein*" fiel schon damals dem "*Haben*" zum Opfer. Und manche ehemalig stolze Indianerkultur gleicht noch heute dem ausgebeuteten Boden Spaniens: Nicht Wald, nicht Steppe und auch nicht Wüste. Ebenso blieben Menschen zurück, die keine "eingeborenen" Indios mehr waren - und schon gar keine Spanier: ihrer ursprünglichen Kultur entfremdete Mischlinge, die keine Wurzeln mehr hatten und noch heute oftmals ebenso wurzellos handeln. In genau diesem Sinn sind wir alle Mischlinge. Wir können unserem Körper und unseren Gefühlen, unseren ersten und wichtigsten Wurzeln nicht mehr vertrauen, und schon gar nicht dem uns aufgepfropften, fremden Gefühlsballast. Und von unserm Denken wissen wir heute zur Genüge, dass ununterbrochen etwas schief läuft.

Ebenso wie die Indianer durften wir nicht jene ungestörte Identität entwickeln, die für uns alle vorgesehen ist.

WARUM WIR GLEICHZEITIG OPFER UND AUSBEUTER SIND

Auf der Suche nach diesem Ganz-Sein jagen wir unlebendigem Lebensersatz nach. Genau genommen handeln wir dabei gleichzeitig als Opfer und Ausbeuter. Wir schaffen das Kunststück und vereinen Indianer und Konquistadoren in einer Person. Zuerst wird uns die Natur ausgetrieben und später rächen wir uns dafür, indem wir uns und die Natur schlecht behandeln.

Während jedoch für die Spanier jener Epoche die Ausrede gelten mag, dass sie dabei für sich eine neue Welt entdeckten, schlittern wir aus reiner Profitgier nur mehr von einer ökologischen Katastrophe in die andere.

Und dies bis heute als Selbstmörder wider Willen!

Wenn nämlich die Ökologen immer wieder darauf verweisen, dass die Auslöschung einer Form nach dem Ausgleich durch alle anderen Formen ruft, vergisst man auf dieses ökologische Grundgesetz beim Menschen gänzlich.

In der Psychologie jedoch weiß man längst, dass auch die Psyche des Menschen kein Liebesvakuum zulässt. Wenn ein Kind nicht genug Energie bekommt, wenn es Selbstvertrauen und Selbstsicherheit nicht in jüngsten Jahren lernt, ruft es ebenso wie dies in der Natur passiert, nach einer anderen Form. Das Kind, dem Feen und Indianer und andere sagenhafte Gestalten nicht geglaubt werden, ein Kind, das nicht ernst genommen wird, klammert sich an etwas anderes.

Es schreit nach Süßigkeiten oder bastelt als eine Art unterirdischem Protest an seinem Typ herum. Später sind die Ersatzbefriedigungen nicht mehr nur süß und auch unsere tyrannischen oder weinerlichen Eigenarten wachsen sich oft zu nicht zu bewältigenden Hürden aus. Und alles deswegen, weil uns als Kind Liebe und Sicherheit so wichtig sind, dass wir uns alle sofort nach einer Ersatzbefriedigung umsehen, sobald wir nicht genug davon bekommen.

Dabei bedeutet Liebe natürlich für jedes Entwicklungsalter etwas anderes. Wenn für das Baby die schützenden Arme der Eltern das Wichtigste sind, so sollten sich diese Arme weit öffnen, wenn es um die Liebe zu einem die Welt erkundenden Kleinkind geht. Für die Zeit der Gefühle, die im Umgang mit der Welt entstehen, ist alles positiv, was dem Kind hilft, diese Welt so ungestört wie möglich zu erleben.

Das Zauberwort dabei heißt "zulassen" und wenn man genau hinsieht ergänzt dieses "zulassen" perfekt die dritte Regel der Gaia-Energie. Nichts Überflüssiges zu tun und gleichzeitig die Dinge zuzulassen, schafft das Kunststück, dass ein Kind das Lernpensum der Natur so ungestört wie möglich absolviert.

Denn "Gaia" und ihr Meisterplan für die Intelligenz des Menschen sieht für uns nicht nur einen perfekten und in seiner Genialität immer wieder bestaunenswerten Körper vor, sondern auch die besten Gefühle dieser Welt.

So will ein Säugling, der an der Brust seiner Mutter nuckelt, vor allem Lust. Ein kleines Kind sucht beim Entdecken der Welt nach Spaß.

Und Freude und Phantasie sollte auch dort immer an erster Stelle stehen, wo Kinder auf spielerische Weise die Welt begreifen lernen.

Es geht heute also längst nicht mehr um Erziehungs-Richtungen wie autoritär oder antiautoritär: es geht darum, endlich zu begreifen, dass die Gaia-*power* es darauf abgesehen hat, dass wir so freudig wie möglich lernen!

Die Kindheit ist jene genial entworfene Lernzeit, in der sich die Natur auf spielerische Art und Weise ihrer selbst bewusst wird. "Gaia" hat dabei anscheinend vor allem eines im Sinn: der Mensch soll sich vorerst einmal in seiner Natürlichkeit üben.

SIND WIR EINE SCHMERZGESELLSCHAFT?

Wer sich übrigens dieses „in Natürlichkeit üben“ wieder einmal genießerisch auf der Zunge zergehen lässt, begreift die Ironie der Situation: wir sind Natur, Natur ist es, die uns erhält - aber wir müssen erst begreifen, dass unsere Kinder sich in Natürlichkeit üben sollen! In Körperspielen und in Phantasiespielen! Im Umgang mit Erde, Gras, Tieren, Bäumen, Feen, Indianern und Außerirdischen.

All das hat nämlich in der Entwicklung des Menschengeschlechts eine Rolle gespielt. Und für das individuelle Leben jedes "Erdlings" scheint genau dasselbe vorgesehen zu sein.

Dabei geht es vor allem in Sachen Gefühle nicht um Wert und Nützlichkeit, nicht darum, ob Eltern oder Schulen an Feen und Kobolde glauben. Kinder kennen noch nicht das "Wenn" oder

"Aber" der Logik. Sie sollen vorerst nur ein möglichst umfassendes Bild von der Welt bekommen. So sieht etwa der Wiener Biologe Rupert Riedl in einem zu frühen Ursachen- Denken vor allem zu dem Zeitpunkt, wo das genetisch- schöpferische Lernen in die Phase des assoziativen Lernens übergeht, einen charakteristischen Knick in der Evolution. Und genau dies scheint der springende Punkt zu sein: Wir alle lernen niemals, der Welt ohne Vorbehalt zu begegnen. Dafür lernen wir zu früh zu teilen, zu unterscheiden und zu urteilen. Dabei zieht sich das Gefühl von Glück und Spaß soweit zurück, dass vordergründig nur ein Loch im "*Sein*" übrig bleibt.

Aber wie gesagt: die Null ist eine Zahl mit allen erdenklichen Chancen! Wer einmal das "Nichts" verstanden hat, ist schon in Richtung "Alles" unterwegs! Vor allem dann, wenn er begreift, dass sich an Stelle der ursprünglichen Freude in dem Loch des Seins ein ganz besonderer Dämon niederlässt. Man könnte ihn "*Lusthunger*" nennen und er hat einen sehr viel realeren Hintergrund als man bei einem Dämon annehmen möchte. Die Entwicklungsphasen, die der Meisterplan für unsere körperliche, emotionale und geistige Entwicklung vorsieht, haben nämlich ihr Pendant auch in unserem Gehirn.

So weiß die Wissenschaft heute, dass jene Gehirnteile, die für unser Fühlen zuständig sind, vorerst einmal davon abhängen, wie gut ausgeprägt die Verästelung der Nervenzellen in den alten Bereichen des Gehirns ist.

Wird ein Baby genug gewiegt, wird mit ihm geschmust, lernt es alle körperliche Sicherheit der Welt kennen, so prägt sich diese Lusterfahrung dementsprechend positiv im Kleinhirn ein. Dieses leitet die Lusterfahrungen des Körpers weiter in das limbische System, das für die Gefühle zuständig ist. Genau in diesem System aber sitzt jener Lusthunger, der geboren wurde aus dem Wechselspiel zwischen kindlicher Freude, Widerstand, Zorn und Angst.

Diese Mischung ist so widersprüchlich, dass Bewohner von einem anderen Stern auf die Idee kommen könnten, wir Menschen wären viel eher eine Schmerz-Gesellschaft als eine Gemeinschaft, der das Leben Spaß macht.

Man braucht nur einmal aus einiger Entfernung unsere Feste zu beobachten: Wir freuen uns auf sie, wir erwarten uns von ihnen besondere Höhepunkte. In den meisten Fällen wird unter Feiern jedoch nur zu viel Trinken und zu viel Essen verstanden.

Und zu Weihnachten verausgaben wir uns schon Wochen zuvor beim Kauf zu vieler Geschenke. Danach wundern wir uns über den körperlichen und moralischen Kater. „Soll dies alles gewesen sein?" fragen wir uns und nur diejenigen, die besonders mutig sind, stellen sich die Frage auch in Bezug auf ihr gesamtes Leben.

Dabei birgt gerade sie die größten Chancen. So traurig sie nämlich klingt, so sehr ist sie gleichzeitig eine Einladung zur Selbstheilung. Zielsicher enthüllt sie uns, dass beinahe alle unsere Freuden rein äußerliche sind und verweist auf das echte Leben.

LEBEN PUR

Wo aber warten diese echten inneren Freuden auf uns?

Von der Natur wissen wir bereits, dass sie das schnellste Regenerationsmittel für unsere kranken Seelen ist. Aber auch im normalen Alltag scheint das Natürlichste das beste Heilmittel zu sein: jene kleinen Feste etwa, die sich ganz von selbst ergeben, ohne viel Aufwand, ohne tagelange Vorbereitungen. Gerade sie sind sozusagen Leben und Feiern pur! Jene Augenblicke, wo wir mit alten oder ganz neuen Freunden so richtig von Herz zu Herz und von Kopf zu Kopf sprechen können. Ein liebevoll zubereitetes Essen bei Kerzenschein. Oder ganz einfach der Blick zu den Sternen nach einem stressigen Tag Vielleicht kommt es tatsächlich auf dieses "*Leben pur*" an, auf eine gewisse Einfachheit, die trotz-und gerade deswegen zu genießen weiß? Ein solches "ganz- bei-sich-zu-Hause-Sein" ergibt sich ja zumeist spontan, vor allem passiert es dann, wenn wir eine Sache um ihrer selbst willen tun.

Gerade bei diesem "in-sich-und-mit-einer-Sache-Sein" wurden wir aber als Kinder immer gestört. Wenn ein Spiel am schönsten war, hieß es aufräumen. Wenn wir in ein Bilderbuch oder einen Film vertieft waren, fragte jemand, ob uns nun Dornröschen, Schneewittchen oder vielleicht E.T. am liebsten wäre.

Die Ökologie von Gaia und die Ökologie des Menschen trifft sich erstaunlicherweise auch hier: Das Merkmal jedes lebendigen Systems ist es ja, dass es nicht nur Energie aufnimmt und abgibt, sondern diese Energie auch speichert.

Ein solches Fließgleichgewicht fehlt im Bio-System Mensch jedoch völlig. Wir sind unterbrochen auf dem Sprung, unsere Wünsche rasen nach außen. Vor allem aber sind wir auch auf den tollsten Festen nicht wir selbst, sondern fürchten ununterbrochen um das Bild, das wir für die Außenwelt abgeben wollen.

Diesem Bild, das aus unserem ganz speziellen Typ erwächst, opfern wir dann ununterbrochen das echte Leben. Wir richten unsere Freude, unseren Spaß und unser Konsumverhalten ausschließlich danach aus. Schuld daran ist nicht zuletzt jener Lusthunger in unserem Gehirn, der echte Freude so selten erleben durfte.

Dabei weiß zumindest einer ins uns, nämlich das innere Kind, nur zu genau, welche echten Freuden die Natur für uns vorgesehen hat. Lassen Sie es einmal einen schönen Augenblick lang kindliche Freude und Sorglosigkeit genießen! Seien Sie ganz das unbeschwerte Kind, das Sie einmal waren! Dann fügen Sie diesem weltoffenen Gefühl noch eine Prise von jener Dankbarkeit hinzu, die in jedem Kind lebt. Natürliche Dankbarkeit dem Leben gegenüber, ursprünglichste Dankbarkeit gegenüber den Eltern!

Im Nu haben Sie jenes Gefühl, das wir ansonsten nur bei sogenannten Höhepunkten bestaunen: Wir möchten die ganze Welt umarmen, obwohl wir eigentlich nicht so ganz genau wissen warum.

Falls Ihnen dieses Kunststück auf Anhieb gelingt, dann bemerken Sie vielleicht auch, dass der Kniff dahinter derselbe ist wie bei der Gaia-Mediation: alles Überflüssige weglassen, - innehalten, die Dinge sich entwickeln lassen!

Das alles war einst unser Geburtsrecht und heute bestätigt uns die vierte Regel der Gaia-Energie tatsächlich, dass wir die Dinge ganz einfach zulassen sollen. Erst dann spüren wir den Kuss von Mutter Erde und werden uns der Energie in uns und rund um uns bewusst. "*Leben pur*", jenes Leben, das wir uns so sehr wünschen, erwächst nur aus der Ruhe, nur aus *wu-wei*, zeitweiligem Nicht-Tun.

Erst daraus gewinnen wir jene Sprengkraft, die die Energie auf der Lebendigkeits-Skala hoch hinaufschnellen lassen kann.

Dort, wo nämlich bis heute ein Dämon namens Lusthunger sitzt, hätte ursprünglich etwas Umfassenderes beheimatet sein sollen. Etwas sehr viel Größeres als alle die kleinen Freuden, denen wir nachlaufen: jene Leidenschaft, die Kenner als Essenz des Lebens bezeichnen.

DER GRAL UND DIE WUNDE DER LEIDENSCHAFT

Die Wunde der Leidenschaft, an der wir alle leiden, ist nicht umsonst jene geheimnisvolle Verletzung, von der eine der berühmtesten Geschichten der Menschheit berichtet. Auch Amfortas, der König des sagenumwobenen Grals-Mythos, litt als Strafe für eine verbotene Minne an einer schweren Wunde. Er wurde erst geheilt, als Parzival, der junge mutige Held, die Grals-Herrschaft antrat.

Diese verbotene Liebe erinnert uns heute an alle die verschiedenen Gelüste, mit denen wir uns selbst zerstören. Und Parzival, der in völliger Unschuld in der Natur aufwuchs, wird zum Symbol für eine ungestörte Kindheit. In ihm wurde jene Leidenschaft nicht zerstört, die bereit ist für das Geschenk des Grals. Aber auch das berühmte Grals-Gefäß wird uns heute verständlich: es ist jener weit offene Körper, jenes Gehirn ohne "Wenn" und "Aber", das die Beste aller Energien auch wirklich zulässt.

In diesem Sinne sind wir also alle Anwärter auf den Gral und die Gaia-Energie ist nichts anderes, als jene vom Himmel kommende *power,* die hier auf Erden für uns umgewandelt wird.

Aber nicht nur in Sachen Gral treffen sich bei der Neuentdeckung von "Gaia" uraltes Wissen und modernste Wissenschaft. So ist die Gaia-Energie eigentlich nur eine sehr moderne Variante jener Kundalini-Kraft, mit der sich bis heute nur die Esoterik beschäftigt hat.

Auch diese ist nicht mehr ganz so sagenhaft wie einst, denn die Sexualenergie, die vom unteren Ende der Wirbelsäule an bis zum Gehirn aufsteigt, lässt sich ebenso wie die Aura bereits wissenschaftlich nachweisen.

Als eine Art Leitungssystem für irdische und himmlische Energien steigt sie vom Wurzelzentrum über das Sexualchakra bis zum Nabel hinauf, dann weiter zum Herz-und Kehlkopf-Chakra, schließlich zum Dritten Auge und zum Scheitel-Chakra. Chakra bedeutet dabei nichts anderes als Rad und in der Form solcher windmühlenartig agierender Räder wird die Energie auch durch den Körper verteilt.

Aus dem Strahl der Leidenschaft entstehen dabei Instinkt und Begierde, Wünsche, Freude und Liebe. Im Kopf angekommen, soll die ursprüngliche Kraft der Leidenschaft dann für möglichst große Intelligenz und Weisheit sorgen.

Die Kundalini- Energie beabsichtigt also genau dasselbe wie "Gaias" Meisterplan für unsere Intelligenz. Und auch der Bruch auf der Skala der Lebendigkeit, die Wunde von Amfortas hat ihr berühmtes esoterisches Pendant: Irgendwo, zumeist im Nabelzentrum, bleibt dabei nämlich die Energie stecken und bewegt sich nur in den Ausnahmefällen einiger besonders entwickelter Menschen weiter hinauf: zumindest bis zu jenem Herzchakra, dessen Offenheit mit dem Himmel verbinden soll.

Seit Jahrtausenden bemüht man sich daher in allen Religionen und allen religiösen System der Welt um ein wenig mehr Liebe. Die Schlangen- oder auch Evolutionsenergie, wie die Kundalini auch genannt wird, soll nicht im Nabel und im Solar Plexus unnötige Kämpfe aufführen, sie soll nicht wie eine verärgerte Kobra um sich zischen, sondern sich hoch aufrichten - hin zu den besten Gefühlen im Herzchakra und zur Erleuchtung im Dritten Auge.

Bis heute war diese ursprüngliche Leidenschaftlichkeit allerdings das Tabu-Thema Nummer 1. Nur einige wenige Eingeweihte wussten um das Geheimnis der eigenen Energien und um die Kraft des Eros.

Heute lehrt uns die Gaia-Energie, dass eben nur Lebendigkeit Lebendigkeit anzieht. Die Essenz des Lebens heißt sowohl bei

"Gaia" als auch bei den "Gyges", den Erdgeborenen tatsächlich leidenschaftlich zu leben. Lust, Freude, Liebe und Genialität, die Früchte dieser Ursprungskraft brauchen wir wie das tägliche Brot. Um sie ernten zu können, gilt es aber zuallererst jene Wunde zu heilen, die eine bis heute missverstandene Kindheit immer wieder aufs Neue schafft.

EVOLUTIONS-SPIELE

Sensitiv - Training

Gefühle zu verändern und zu trainieren, um endlich zu jenem Leben pur zu gelangen, das wir heute alle ersehnen, ist keine leichte Sache: bekannter weise kennen wir zu wenig echte Gefühle und lassen uns von unechten tyrannisieren.

Dabei benötigen wir nichts so nötig wie ein sehr viel besseres "feeling". Gefühle sind nämlich die wichtigsten Botengänger zwischen jenen Teilen des Gehirns, die für Abläufe im Körper zuständig sind und zwischen dem Neocortex als großer Denkkappe.

Aktiviert man also mit seinen Gefühlen das limbische System, so gelingen einem zwei Dinge zugleich: man harmonisiert den motorischen Bereich des Althirns und zeichnet gleichzeitig neue Muster in die Denkvorgänge. Gleichzeitig muss man, um mit seinen Emotionen umgehen zu können, auch an zwei verschiedenen Enden beginnen: dort, wo sie beginnen, im Körper - und dort wo sie enden, in unserer Imagination.

Nichts anderes haben Sie bis heute jeden Tag in der Gaia-Meditation geübt! Jedes Mal, wenn Sie sich die blaue Kugel in Ihrer Mitte vorstellen, schaffen Sie ein Gleichgewicht zwischen Körper und Geist. Sie schweben mit Ihren Gedanken nicht in den Wolken, sondern sind fest in Ihrem Körper verwurzelt. Bei Ihrer nächsten Meditation gehen Sie einen Schritt weiter! Denken Sie daran, wie trefflich die dritte und vierte Regel der Gaia-Energie zusammenspielen. Wie sich nichts Überflüssiges zu tun und gleichzeitig die Dinge zuzulassen so phantastisch ergänzen, dass daraus wahre Leidenschaft entstehen kann.

Dann lassen Sie die blaue Farbe der Gaia-Kugel verblassen. Sie wird immer heller und heller - solange bis sie jene Kugel des "Nichts" in uns symbolisiert, von deren Erkenntnis erst der wahre Aufstieg auf der Skala der Lebendigkeit möglich ist. Die Kugel wird farblos, so farblos, bis sie völlig hohl ist. Diese Hohlheit dehnen Sie in Gedanken solange aus, bis Sie Ihren ganzen Körper umschließt und er Ihnen als eine Art riesige Höhle vorkommt.

Dann beginnen Sie sich die einzelnen Teile Ihres Körpers als ebenso leere Räume vorzustellen: fangen Sie mit dem Raum der kleinen Zehe an und fühlen Sie nach, wie sich Hohlheit dort anfühlt.

Danach lassen Sie Ihre anderen Zehen leer werden, anschließend den Raum in Ihrer Ferse, in Ihren Knöcheln. Gehen Sie langsam und genussvoll durch alle Räume Ihres Körpers bis hinauf zum Gehirn und stellen Sie sich jeden Raum als großzügig, lichtdurchflutet und offen vor.

Leere hat ja, wie wir gesehen haben, nicht nur ihre negativen Seiten, sie ist auch das beste Sprungbrett für Neues. Darum übertragen Sie das körperliche Gefühl anschließend auch auf Ihre Gefühle: Lassen Sie diese ebenso hell und klar werden wie Ihren Körper. Versuchen Sie in diesen Gefühlen zu baden wie in einem klaren durchscheinenden Bergsee.

Zum Schluss aber stellen Sie sich vor, dass eine liebevolle Energie aus Ihnen heraus in all diese leeren Räume eindringt. Dass diese Energie jede kleinste Zelle umgibt, sie liebevoll berührt, mit Liebe und Dankbarkeit.

Später können Sie dieses grundlegende Gefühl von Liebe und Dankbarkeit umwandeln: in pure Leidenschaft, die höchste Lebendigkeit will, in Freude, Lust, Entspanntsein, Sicherheit....

Alle diese Gefühle versuchen Sie letztendlich in Ihrem Bauchnabel zu speichern. In jener kleinen Gaia-Kugel, die Ihnen in jeder Situation das hundertprozentige Gefühl des Zuhause-Seins verschaffen kann.

Denn wenn wir mit unseren Gedanken neue Gefühle zum Leben erwecken können, so können wir mit neuen Gefühlen auch unser Denken und Handeln ändern. Versetzen Sie sich deswegen vor einer wichtigen Angelegenheit, vor einem Streitgespräch oder einer Diskussion immer wieder in Ihr eigenes Zentrum. Sie werden bemerken, dass Sie mit Ihren Gedanken nicht weiterhin im Kreis laufen, sondern es schaffen, die Situation richtig einzuschätzen und Ihre Gefühle zu kontrollieren.

OKAY - HAPPY - GENIAL: DIE SKALA DER LEBENDIGKEIT

Obwohl es also auf den ersten Blick gar nicht danach aussieht, sind gerade heute die Chancen auf eine bessere Gaia-*power* höher denn je zuvor.

Wir alle spüren, dass wir uns ändern müssen, dass wir endlich etwas für unser wirkliches Leben tun sollten! Und wir wissen, dass wir dies nur schaffen, wenn wir uns schleunigst bessere Energien besorgen. Gleichzeitig machen sich auch die intensiveren Schwingungen des Wassermann-Zeitalters bemerkbar.

Und nicht zuletzt steht "Gaia" und den "Gyges" auch entwicklungsgeschichtlich ein Evolutionssprung bevor. Glich nämlich die Beziehung zwischen der Erde und den ersten ihrer Bewohner tatsächlich der Beziehung zwischen einer Mutter und einem Baby, so entwickelte sie sich ebenso familiär weiter.

Die frühen Hochkulturen betrachteten die Erde in derselben Art und Weise wie kleine Kinder ihre Mütter sehen: Gaia war zwar noch immer der schützende Mutterschoß.

Gleichzeitig versuchten die Menschen dieser Zeit genau jene Rätsel zu lösen, die jedes Kind auch heute noch brennend interessieren: wie kommen Babys in den Bauch der Mutter? Wie kommen sie wieder heraus? Warum stirbt der Mensch? Wo geht er nach dem Tod hin?

Die Fruchtbarkeit, das Werden und Vergehen in der Natur waren die ersten großen Rätsel der Menschheit und sie malte ihre Auflösung in der Form von lebensspendenden Göttinnen in den Himmel. Und wie im Himmel - so war es damals natürlich auch auf Erden! Die Frau als Lebensspenderin spielte auch im alltäglichen Leben die Hauptrolle. Die Männer waren zumeist auf der Jagd, die Frauen besorgten den Haushalt, erzogen die Kinder und waren für die Nahrung verantwortlich.

Natürlich waren es auch Frauen, die als Priesterinnen die ersten Tempel verwalteten. Dadurch kamen sie zu Vermögen und vererbten dieses an ihre Kinder weiter.

Dieses anfängliche Matriarchat sorgte noch vor hundert Jahren für Aufregung. Inzwischen aber beweisen uns jede Menge archäologischer Funde, dass das Patriarchat erst entstand, als den Menschen die Rolle des Mannes bei der Zeugung bewusst wurde.

So wie Kinder nämlich nur den runden Bauch der Mutter bewundern und vermuten, das Geschwisterchen sei allein ihr zu verdanken, so sorgte die neunmonatige Wartezeit zwischen Zeugung und Geburt lange Zeit nicht nur für Rätsel, sondern vor allem auch für eine gewisse Geringschätzung des Mannes.

Ebenso umfassend wie die Rolle der Frauen war damals die Rolle von Gaia: Sie war Ursprung, Ziel und Zweck!

Aber so wie bei jedem Kind die alles dominierenden Mutterarme irgendwann ihre Wichtigkeit verlieren, so erging es auch dem Menschengeschlecht. Die Menschen erkannten die Rolle des Vaters und langsam zogen auch in den Himmel Götterpaare und später übermächtige Männer-Götter ein.

So gingen die wohl leidenschaftlichsten Zeiten der Menschheit, die Hochkulturen des Nahen Ostens, völlig unerotisch über in eine Zeit fester Gesetze und oft lebensfeindlicher Regeln.

Der erwachsen werdende Mensch sollte sich selbst und die Natur verwalteten und sich beides im Namen des einen Herrn patriarchaler Religionen untertan machen. Bis heute tat er dies so gründlich, dass auch in ihm selbst nicht mehr viel Natürliches übrig blieb.

AUCH GAIA ENTWICKELT SICH GEMÄSS DER SKALA DER LEBENDIGKEIT

Die Familiengeschichte von Gaia ist also tatsächlich die Familiensaga von uns allen: irgendwo in der Geschichte, in der eines Individuums oder in der der gesamten Menschheit wird plötzlich die natürliche Intelligenz der Natur missachtet und gemaßregelt.

Diese Maßregelung führt zu Widerstand, Angst und Krieg und dazu, dass wir uns für den Verlust der eigenen Natürlichkeit nicht nur immer wieder an uns, sondern auch an Mutter Erde rächen.

Allerdings sticht, wie zu Anfang dieses Buches beschrieben, auch die Chance auf ein *happy end* ins Auge: das Epos ist nämlich beinahe zu Ende erzählt.

Als Menschengeschlecht haben wir die von der Mutter behütete Kinderzeit längst hinter uns. Auch die Pubertät, in der wir in die von patriarchalen Befehlen vorgegebene Richtung marschieren mussten, ist vorbei. Endlich erwachsen geworden, begreifen wir, dass erneute Einseitigkeit uns nicht weiterhilft.

Pure Weiblichkeit ist heute ebenso *out* wie pure Männlichkeit. Es braucht die beste Kraft am besten Ort. Und dies bedeutet keine ausschließliche "Zurück-zur-Natur-Bewegung" aber auch keinen Fortschritt, keine Logik, die auf die Natur in allem verzichtet.

Die einzig effektive Richtschnur ist eine Skala der Lebendigkeit.

Denn sie zeigt uns, dass wir nicht nur mit verschiedenen Lebendigkeitsgraden handeln können, sondern sogar als Erwachsene immer wieder verschiedene Entwicklungen der Erde nachvollziehen. Was ist "Plus-Eins", körperliches *okay*-Sein anderes als ein Schwingungszustand, in dem Körper und Erde im Einklang sind? "Plus-Zwei", pures *happy*-Sein, gleicht wiederum den mythischen Anfangszeiten der Menschheit. "Plus-Drei", sich genial fühlen, wäre uns vielleicht allen beschieden gewesen, wenn die Logik patriarchaler Religionen nicht zu früh in den sozio-historischen Plan eingegriffen hätte.

Und "Plus-Vier" als eine Art alles umfassendes Höhepunktsgefühl ist vielleicht genau das, was sich die Erde vom Menschen als Gehirn dieses Planeten erträumt. Nicht umsonst gleichen die verschiedenen Lebendigkeits-Grade auch verschiedenen Entwicklungsstadien: wir können nur Körper, nur Gefühl oder auch nur Denken sein.

Man braucht sich nur ein wenig in die so undeutschen aber für die heutige Zeit umso präziseren Wörter *okay, happy* und genial hineinfühlen und schon spürt man verschiedene Schwingungsarten.

Da gibt es jene Körper-Typen, denen es vor allem um körperliches *okay*-Sein geht: um ihre Gesundheit, um ökologische Nahrungsmittel, alternative Kost und Medizin und natürlich auch um das ganze moderne *wellness*-Spiel. Das richtige Dinkelbrot mit biologischem Quark ist solchen Typen wichtiger als die Disco am Abend.

Die neueste asiatische Sportart, vielleicht auch Urgroßmutters alte Heilrezepte oder ökologische Tipps für den Gartenbau sind interessanter als der übliche Klatsch in Fernsehen oder Zeitungen. "Plus-Zwei"-Typen können auf all das Wert legen. Vielleicht aber sind sie auch nicht ganz so abgefahren auf Dinkel und Quark und pflegen sehr viel mehr ihre Gefühle als ihren Körper.

Ihnen geht es vor alles um jenes *happy*-Sein, das man vor allem durch positives Denken lernt.

"Plus-Drei" wiederum kann total Gaia-gerecht denken, gleichzeitig vergisst er oder sie aber auf den eigenen Körper und die eigenen Gefühle. Im Idealfall vereinen und steigern sich aber alle Schwingungen und legen quasi noch ein geniales und verbindendes Tüpfelchen auf *okay*-und-*happy*-Sein. Solche Typen genießen Dinkel und Quark und den Genuss des Augenblicks so oft es geht. Er oder Sie wissen jedoch ganz genau, dass Gaia noch sehr viel mehr benötigt: nämlich das integrierende Denken von Genies in der Medizin, in der Wirtschaft, in der Politik, in der Technik.

Auch als Beobachter pflegen wir genau nach diesem Schema zu reagieren: "Plus-Eins"-Leute regen sich zum Beispiel bei Umwelt-Skandalen am schnellsten und am meisten über die Nahrung auf, die sie zu sich nehmen. Gefühlstypen können verletzte Kinder oder Tiere tagelang zum Grübeln bringen.

Die Kopftypen jedoch kann es zum Wahnsinn treiben, wenn zynisch *greenwashing* betrieben wird und Milliarden an Unterstützungen für völlige Minus-*power* beim Fenster hinausgeworfen werden.

Denn die Minus-Energie beginnt ja mit einem einzigen falschen Gedanken. Während die Plus-Skala wie eine immer dünner werdende Spirale mit dem Körper, also mit dichtester Materie anfängt und über tolle Gefühle zu tollen Gedanken und zu einem völlig neuen Höhepunktsdenken führt, geht die Minus-Skala von einem Punkt aus: also von nicht wahrnehmbarer Gedanken-Energie, die sich immer mehr verbreitert, während sie sich auf Gefühle, Körper und den Gesamtzustand auswirkt.

Ein dumpfer und nicht rundherum bedachter Gedanke kann zu Depressionen, zu Müdigkeit und völliger Energielosigkeit führen. Und dies, wie wir gesehen haben, nicht nur bei Menschen, sondern auch in der Pflanzen-und Tierwelt.

Schon deswegen müssen wir schleunigst die Plus-Skala hinaufklettern und dabei die "Plus-Eins", die "Plus-Zwei" und die "Plus-Drei" ganz einfach verbinden, um hundertprozentig *okay, happy* und so genial wie möglich zu werden. Denn den "Plus-

Vier"-Typ ahnen wir zwar bis heute bei raren Höhepunkten. Kaum jemand aber weiß so ganz genau, wie es wohl ist, die meiste Zeit seines Lebens als Höhepunktler auf dem Gipfel zu verbringen.

„Isst der Typ immer Dinkelbrötchen mit Quark und biologisch identifizierbares Obst?" würde man sich vielleicht fragen. Ist er immer *happy*? Denkt er immer genial?

Und auch hier müsste man mit der Antwort vielleicht auf jenes berühmte "Jein" zurückgreifen, das der vierten und fünften Regel der Gaia-Energie entspricht. Weglassen und gleichzeitig zuzulassen bedeutet zur rechten Zeit genau die richtige Energie einzusetzen. Dinkel und Quark dort, wo sie beheimatet sind, *happyness*, wenn sie am Platz, gleichzeitig aber auch geniale Kritik, wenn sie notwendig ist.

"Plus-Vier" schaut sich die Welt vielleicht als jener amüsierte Zeuge an, der uns bekannt vorkommt, wenn wir uns an eigene Gipfelerlebnisse erinnern. "Plus-Vier" genießt Gaia-Energie pur - wie immer man sie auch nennen mag. "Plus-Vier" ahnt wahrscheinlich die Tücken der Minus-Skala und lässt sich wenn möglich nirgendwo darauf ein.

Vor allem aber könnte "Plus-Vier" wissen, dass eine lebendigere und bewusstere Welt zu kreieren, im Kleinsten wie im Größten ungeheure Vorteile bringt.

DIE RÜCKKEHR ZUR HEILIGKEIT

Nach der Meinung mancher esoterischer Autoren ist ein "Plus-Vier"-Stadium eigentlich nur der Ausgangspunkt für noch sehr viel höhere Schwingungszahlen, die für den Menschen vorgesehen sind. So sprach schon der armenische Mystiker und

Weisheitslehrer Georg I. Gurdjieff, auf dessen Schule des Vierten Weges viele der modernen esoterischen Lehren des Westens basieren, davon, dass wir alle Raupen wären, die sich erst zum Schmetterling entwickeln müssen. Für ihn gab es über den normalen Schwingungen noch sehr viel höhere Stadien, in denen Menschen zu Propheten oder Avataren werden, ein Christus-oder Buddha-Bewusstsein entwickeln.

Was uns zu der Frage führt, was Gaia-Energie in ihrer höchsten Form nun wirklich ist? Ist es Liebe, Freude und Spaß am Leben? Ist es jene Leidenschaft, die uns allen ebenso genommen wurde wie den leidenschaftlichen Völkern der Antike? Oder könnte es noch mehr sein?

Könnte es tatsächlich jenes Gefühl der Heiligkeit sein, das manche Menschen einst ausstrahlten? Das vor allem aber solange zu Gaia gehörte, bis man es in einen weit entfernten Himmel verlegte? Die Frage beantwortet sich jeder dann vielleicht am besten, wenn er dieses Buch zur Seite legt und sich einen Spaziergang lang ausschließlich genau diese Frage stellt.

Einst waren den Menschen nicht nur Berge und Flüsse heilig, sondern auch bestimmte Felsengruppen, uralte Bäume, kleine Wälder. Man schien zu spüren, dass alles und jedes seine bestimmte Energie hat und dass man sich diese Energie zunutze machen konnte.

Betrachten Sie die Landschaft einmal genau unter diesem Aspekt. Beobachten Sie, was Sie tatsächlich mit der Erde verbindet, was Sie tief berührt, erstaunt und Ihnen vielleicht tatsächlich das Gefühl von Heiligkeit vermittelt.

Verfolgen Sie dieses Gefühl der Heiligkeit auch in Ihrem Körper. Es gleicht jenem der völligen Offenheit, der Dankbarkeit und der Ekstase in allem Natürlichen und es ist gleichzeitig noch sehr viel mehr...

Machen Sie dann noch einmal den Versuch: Gehen Sie auf Ihren Balkon, in ihren Garten, in einen Park oder Wald und setzen sie sich ganz ruhig hin. Tun Sie eine ganze Weile nichts anderes als einen Baum oder einen Strauch zu betrachten.

Dann schwingen Sie sich auf Ihre Gaia-Energie ein.

Genießen Sie zuerst die nun schon vertraute Gaia-Kugel. Dann lassen Sie sie größer und größer werden. Solange bis sie Sie wie ein richtiger Heiligenschein umgibt.

Nun stellen Sie sich vor, der Baum oder Strauch vor Ihnen hätte eine ebensolche Aura und zwischen beiden "Heiligenscheinen" würde nun die beste Energie hin-und herfließen. Tanken Sie sich in Ihrer Imagination mit der Energie der Pflanze auf. Dieses energetische Wechselspiel schenkt nicht nur Kraft: es zeigt vor allem, warum die Natur als bester aller Heiler einst den Ruf der Heiligkeit hatte.

Heiligkeit bedeutet heil, bedeutet ganz zu sein. Es ist bekanntlich jenes griechische "*holos*", das uns im Zeichen des Wassermanns zurück zu unseren Ursprüngen führt. Denn das holistische, das ganzheitliche Fühlen, und Wissen ist überall dort am Werk, wo die Kinder des Wassermann-Zeitalters für ein neues, Körper und Geist verbindendes Denken sorgen: In der alternativen Medizin ebenso wie im alternativen Landbau. Bei den verschiedensten Meditationsarten wie den verschiedensten Körpertherapien. In der alternativen Forschung ebenso wie in der kleinsten alternativen Küche.

Die Heiligkeit der Erde aber ist jener Grundstein, an dem in diesem neuen Zeitalter niemand vorbeikommt!

Ohne "Gaia" zu heilen kommen wir selbst nicht an unsere besten Fähigkeiten heran. Andererseits kann auch die Erde uns nur dann heilen, wenn wir ihr zuvor ein wenig von ihrer alten Heiligkeit zurückgegeben haben. Diese Heiligkeit, diese Ganzheitlichkeit ist es, die alles verbindet: die Zukunft mit der Vergangenheit, uraltes Wissen mit modernster Wissenschaft.

AM PULSSCHLAG DES LEBENS

Welche Faktoren bestimmen den Menschen wirklich?

Was ist es etwa, was manchen Völkern den Ruf der "Leichtblütigkeit" in die Wiege legt, was macht andere wieder zu typischen "Ernstnehmern"? Viele von uns fragen sich genau dies nach jedem Urlaub und machen dafür das Klima in südlicheren Breiten verantwortlich. Aber es ist nicht nur die Sonne, das Meer und eine üppige Vegetation, die manche Menschen fröhlicher, ausgelassener und ein wenig "leichtfertiger" macht. Es kommen noch viele andere Faktoren hinzu. So machen ähnliche Breitengrade manchmal unternehmungslustiger, manchmal lässt uns die geographische Lage eines Ortes auch niedergeschlagen werden.

Biologen sprechen dabei von einer Art Korrespondenz-Gesetz. Nach ihnen spielt nicht nur der ökologische Zusammenhang zwischen einem Organismus und seiner Umgebung eine Rolle, sondern auch solche Dinge wie irdische Strahlung, die Energien der Sonne und des Kosmos, die Zusammensetzung der Atmosphäre. Dazu gesellen sich die geographische Stellung, die Schwerkraft und die Rotationskräfte.

Während aber die moderne Wissenschaft diese umfassenden Verflechtungen erst so langsam begreift, scheinen die Menschen zumindest unbewusst schon immer von diesem Pulsschlag des Lebens in uns allen gewusst zu haben. Nicht umsonst hatten und haben Naturvölker eine zutiefst ehrfürchtige Beziehung zu Mutter Erde. So fand man im ältesten bis heute entdeckten Bergwerk der Menschheit, in einer Mine im Swaziland, mehr als 1000 Tonnen Steine und Erde, die liebevoll wieder in den Schacht gefüllt wurden nachdem man blutrotes Erz abgebaut hatte. Aber nicht nur in Urzeiten war man um das innere Gleichgewicht besorgt. Indianer lehnen noch heute den Raubbau mit den eindringlichen Worten ab: "Soll ich meiner Mutter ein Messer in die Brust stoßen?"

Dass auch die Erde ein Innenleben hat, haben ja die Beobachtungen der Natur längst bewiesen: Lange bevor Seismologen bedenkliche Erdschwingungen registrieren, werden Schlangen unruhig. Und anhand der Tiefe des Winterschlafs der verschiedensten Tiere kann man sogar lange oder kurze Winter voraussagen.

Das Korrespondenz-Gesetz funktioniert also in der Natur selbst noch trefflich und auch das Wissen um den direkten Einfluss der Erde auf den Menschen gewinnt an Einfluss. So sehen heute viele Mediziner einen Zusammenhang zwischen der Entstehung von Krebs und der Umgebung.

Der Biologe Lyall Watson vermutet sogar, dass die Urerde einen strukturierenden Einfluss ausübt, der zu signifikanten Zellveränderungen führen kann. Dafür würde auch die immer wieder zitierte hohe Krebsrate in Gebieten sprechen, wo Granit, Asbest oder Schiefer abgebaut wird. Genauso wie die Erde schaden kann, genauso gilt sie aber seit Menschengedenken als "Gesundmacher"! Zigeuner etwa verwenden noch heute jenen leicht radioaktiven Ton, den sie finden, wenn sie der Fährte von kranken Tieren folgen, für die eigene Heilung. In Indien werden kranke Menschen oftmals in die Erde eingegraben, damit sie neue Kräfte tanken. Und auch bei der Geburt spielt die Erde in vielen Teilen der Welt noch immer ihre alte Rolle. So verschwinden bei afrikanischen Völkern oder bei den Aborigines in Australien noch immer hochschwangere Frauen ganz einfach im Busch, um dort hockend ihr Kind auf die "Erde" zu bringen. Sie legen es quasi in den Schoß der Erde. Genauso wie die meisten Menschen den Wunsch haben, nach ihrem Tod wieder in Heimaterde zurückgelegt zu werden.

DIE ZAUBERKRAFT VON HEIMATERDE

Diese "Heimaterde" scheint es tatsächlich in sich zu haben. Allein das Wort reicht aus, um sogar inmitten von Beton augenblicklich lebendig zu werden.

Plötzlich hört man einen Bach glucksen oder den Wind in den Bäumen rauschen. Man spürt die Moospolster, die einem als Kind so lebendig erschienen, oder riecht den Geruch von Wald. Die Bilder und Gefühle, die dieses Wort auf Anhieb herbeizaubert, sind so verschieden wie die Menschen selbst. Trotzdem wirkt der Zauber um einiges intensiver als all der künstliche Konsumzauber, der uns umgibt.

Sprechen Sie das Wort "Heimaterde" wirklich einmal aus! Fühlen Sie es, riechen sie das Wort!

Und die Zauberkraft dieses Wortes macht Ihnen mit einem Schlag klar, was dieses Korrespondenz-Gesetz bedeutet, das "Gaia" ebenfalls als einen Makroorganismus zeigt.

Genauso wie die Heimaterde trägt dabei nämlich jedes kleinste Lebewesen einerseits zu einem vielfältigen Ganzen bei, ist aber andererseits mit seiner Umgebung in einer ganz spezifischen Kommunikation verbunden.

Wie sehr wir tatsächlich in ein vielfältiges Ganzes eingeflochten sind, zeigt ein anderer Blick auf jene Naturvölker, die den

Puls der Erde noch spüren. So berichtet etwa der Anthropologe Adrian Boshier, dass er in Afrika als Lehrling bei einem Schamanen auch heute noch erst dann seine Initiationsprüfung ablegen durfte, als er das "Blut der Erde" aus dem 450 Kilometer entfernten Swaziland gebracht hatte.

Dieses "Blut der Erde" ist roter Ocker und dieser spielt in der Tradition der Menschheit eine große Rolle. Nicht nur im Swaziland sondern auch in Südfrankreich fand man die Skelette von Neandertalern, die damit bedeckt waren. Und noch heute werden tagelange Märsche unternommen, um es abzubauen. Dabei dürfen sich nur alte Männer den Lagern nähern - und auch dies nur kniend. Sie scheinen ganz intuitiv das zu spüren, was uns die Gaia-These neu erzählt: Die Erde lebt!

Der *homo sapiens* wusste dies schon immer. Er verehrte sie als Gaia, Nuth, als Isis, als Bärmutter oder Büffelhornfrau. Aber wie immer ihre Namen auch waren, ob man sie als Kali, Ischtar, Inanna oder Diana bezeichnete - alles war nur ein Symbol für die intuitive Intelligenz von Mutter Erde.

Heute, wo der Mutterleib dieser Erde schwer verletzt ist, können wir von Naturvölkern nur lernen. Nicht umsonst kämpfen Völker wie die Hopi gegen die Ausbeutung ihrer Länder. Mit düsteren Prophezeiungen warnen sie vor dem Ende der Welt falls es uns nicht bald gelingt, die Kräfte des Lebens und die Kräfte der Erde im Gleichgewicht zu halten.

Und die Hopi scheinen zu wissen, wovon sie sprechen. In ihrer Schöpfungsgeschichte, die ähnlich wie andere Überlieferungen von einem Goldenem, einem Silbernem und einem Kupfernen Zeitalter berichtet, heißt es auch, "*dass die Erde schon einmal aus dem Gleichgewicht kam, wie trunken umhertaumelte und sich zweimal überstürzte.*"

Damals soll der Nordpol zum Südpol geworden sein und es folgte ein Zeitalter voller Sintfluten und Eiszeiten. Dinge, die uns bekannt vorkommen! Wir können uns mit Hilfe der neuesten

TV-Bilder beinahe schon zu oft davon überzeugen, wie die Pole infolge der Überhitzung der Atmosphäre zu schmelzen beginnen. Und von den Ozonlöchern können wir schon nichts mehr hören. Dabei sollten wir Ohren und Augen weiter als je aufsperren. Denn die Atmosphäre ist nicht nur nach der Ansicht der System-Theorie die äußere Grenze des Planeten - sie ist tatsächlich jener "Mantel", der, wie wir noch sehen werden, unser Bestehen von außen her sichert!

Die Erdkruste dagegen ist für den inneren Zusammenhalt des Planeten zuständig. Und auch sie reißen wir ohne jede Skrupel heute so sehr auf, dass beide Grenzen des Raumschiffs Erde zutiefst gefährdet sind. Der Mensch, der sich mit und an der Erde entwickelte, scheint viel vergessen zu haben, was er einst sehr genau wusste. Dabei müssten wir heute nicht einmal an Erdgeister, an Göttinnen oder Götter glauben, wir müssten nur den Naturvölkern ein wenig mehrzuhören.

Denn die Rückeroberung der Heiligkeit kennt keinen Aufschub. Das Familien-Epos von "Gaia" will tatsächlich zu Ende erzählt werden. Nicht mehr als die Geschichte von der guten Mutter, die sich zu rächen beginnt und zu einer bösen wird, sondern vielleicht aus jener ganzheitlichen Sicht, die alle Zeichen der Zeit erkennt. Danach erzählt nicht nur jedes Menschenleben von einem Knick in der Lebendigkeits-Skala, sondern der Knick begann schon zu jener großen Epoche als ein einziger Gott im Himmel sich die Erde untertan machte. Seit damals kämpfen die beiden Grundpolaritäten Mutter Erde und Vater Himmel ein unerkanntes Spiel. In Sandkästen ebenso wie im Umweltschutz. In Religionen wie in unseren Gefühlen.

Immer sind es die besten Ideen von Oben, die gegen das beste Handeln auf Erden ausgespielt werden! Heiligkeit aber bedeutet Ganzheit! Es bedeutet Hinschauen, Hinhören und Hinfühlen! Und eigentlich sind wir ja bereits auf dem besten Weg. Die größten technischen Errungenschaften schauen wir bereits der Natur ab. Wir fühlen uns *high* und *happy* wenn wir an einem tollen Wochenende im Einklang mit den Gaia-*vibes* schwingen. Und langsam beginnen wir auch zu begreifen, dass der Himmel nicht irgendwo weit weg in den Wolken schwebt.

Es heißt also tatsächlich, die Heiligkeit ein wenig auf Erden herabzuholen. Und genau genommen ist auch dies heute kein Kunststück mehr. Die östliche Metaphysik spricht seit Jahrtausenden von jenem "Prana", das alles durchdringt. Im Westen sagt uns die moderne Physik immer wieder, dass wir selbst aus winzigsten Energiequanten bestehen. Wir müssen uns nur an die erste und wichtigste Regel der Gaia-Energie halten und uns überall und jederzeit die beste aller Energien besorgen.

Denn bekanntlich zieht nur Lebendigkeit Lebendigkeit an - und erst eine neue Lebendigkeit macht uns wieder heil und ganz. Dann gelingt es uns vielleicht auch wieder, jenen berühmten Pulsschlag der Erde zu spüren, der irgendwo tief aus ihrem Inneren kommt und alle Erdgeborenen miteinander verbindet.

EVOLUTIONS-SPIELE

Von Priestern und Priesterinnen

Wir alle sind nicht nur Kinder der Erde, vor allem sind wir auch Kinder der Zivilisation. Und obwohl wir die ursprüngliche Unschuld der Natur längst verloren haben, sehnen wir uns oft in die Zeit vor dem Sündenfall zurück. Diese Zwiespältigkeit ist nicht neu. Der berühmte Sündenfall, der Ausbruch aus dem Paradies, die Suche nach neuem

Wissen, hat sich im Laufe der Geschichte oft ereignet. Immer änderte sich dabei das Verhältnis zwischen "Gaia" und ihren Geschöpfen. Man braucht nur in Gedanken eine Viertelstunde lang in jenes alte Griechenland zu verreisen, in dem "Gaia" tatsächlich noch lebte. Sofort versteht man, wie sehr sich der Mensch und sein Denken mit der Rolle der Erde entwickelten. Machen sie den Versuch! Übersiedeln Sie in Ihrer Imagination einmal für kurze Zeit in die Antike und malen Sie sich diese so lebhaft wie möglich aus!

Stellen Sie sich dazu zuerst einmal ganz einfach vor, Sie wären eine Priesterin im Heiligtum zu Delphi und würden in der Kultstätte vor den weiß-grün leuchtenden Felswänden der Phädriaden ihren Dienst tun. Es ist das zwölfte Jahrhundert vor Christus und anfänglich sind die Feiern zur Ehren von Gaia und ihrer Tochter Themis noch sehr einfach. Bei den großen Fruchtbarkeitsfeiern werden einfache Terrakotta-Statuen herumgetragen, die die Menschen von zu Hause mitgebracht haben. Überall murmelt man Gebete zur Erdgöttin und bringt einfache Opfer dar.

Langsam jedoch bekommt alles einen pompösen Anstrich. Nicht nur Ihre Leinengewänder werden festlicher - aus den einfachen Feiern werden große Prozessionen, die feierlich durch die Zypressenhaine ziehen. Gaia wird jetzt als Schlangengöttin verehrt und je weiter die Zeit fortschreitet umso mehr wandeln sich auch die Symbole für sie. In der Hymne an Apollon, den neuen männlichen Gott, taucht sie bereits als weiblicher Drache auf. Von unermüdlicher Kraft, fett, riesig und stolz haust sie als Ungeheuer bei der Quelle Kastalia.

Vielleicht wechseln auch Sie jetzt in Gedanken Ihre Rolle. Sie stecken nicht mehr in jener Priesterin, die an den Hängen des Parnass Gaia verehrte, sondern schlüpfen zur Abwechslung ganz einfach in einen Priester. Denn in den letzten vierhundert Jahren hat sich in Griechenland viel ereignet.

Als Zeus Deukalion und Pyrrha befahl " die Knochen ihrer Mutter" hinter sich zu werfen, wurde Gaia in einer Art männlichem Staatsstreich entmachtet. Auch in Delphi übernahm Apollon im 8. Jahrhundert die Herrschaft.

Nun sitzen Sie auf den Stufen des Theaters von Delphi, das auf seinen 35 Meter in die Höhe steigenden Stufen 5000 Menschen Platz bietet. Der Stein-Rundkreis wird als Theater verwendet, für athletische Wettkämpfe, hier werden aber auch die neuen Göttergeschichten vorgetragen: zuallererst natürlich jene von Apollon, dem göttlichen Bogenschützen. Der Gott erinnert Sie als modernen Priester an jene weit entfernten archaischen Zeiten als Gaia noch die einzig Anbetungswürdige war. Sie denken daran, wie lange es dauerte bis sie zum Ungeheuer wurde und schütteln sich dabei.

Die modernen Götter sind Ihnen lieber! Auch das Volk betet diese Götter ehrfurchtsvoller an. Trotzdem sind die Überreste der alten Fruchtbarkeitskulte noch überall zu spüren. Ihnen fallen die Bacchanten und Bacchantinnen ein, die Dionysos, dem Gott der Ekstase in ekstatischen Feiern huldigen. Ganz wohl ist Ihnen dabei nicht. Sie sind ein Anhänger einer neuen Art zu denken und wissen sehr wohl, dass Götter Symbole sind, die die Priesterschaft nach den Anfordernissen der Zeit schafft. Aus Gaia wurde in Delphi Apollon als das Patriarchat die Dominanz der Frauen ablöste. Und schon stehen wieder andere Zeiten bevor. In den Städten wird bereits über Staatsangelegenheiten diskutiert. Besonders oft taucht dabei das Wort "politikos" auf. Es bedeutet "den Staat betreffend" und dieser Staat wird langsam wichtiger als die Götter.

Auch die einstige Verbundenheit mit der Erde ist neuem Wissen gewichen. Man studiert Pflanzen und legt Bücher über Heilmittel an. Euklid und Pythagoras stellen die ersten Regeln der Geometrie auf. Die älteren Priester in Delphi sprechen von einem Sündenfall gegenüber der alten Zeit, aber Sie teilen diese Meinung nicht unbedingt.

Ein letztes Mal sehen Sie auf das leere Theater hinunter. Dann gehen Sie hinauf zur alten Kastalia-Quelle. In ihrem Wasser reinigen Sie sich, so wie es Pythia, die berühmte Seherin tat, bevor sie ihre Orakel verkündete. Und dann stellen Sie sich vor, welche Antwort wohl heute aus dem Gaia-Heiligtum auf die vielen Fragen in Sachen Erde kommen würde.

DENKEN WIR AM LEBEN VORBEI?

Nicht nur Naturvölker wissen seit eh und je intuitiv von der Heiligkeit der Erde - noch bis ins hohe Mittelalter herauf wurde dieses Wissen auch im sogenannten christlichen Abendlande bewahrt.

Die Kenntnisse um die Energielinien der Erde, die in etwas den Akupunktur-Meridianen im menschlichen Körper entsprechen, wurden von Eingeweihten von Generation zu Generation weitergegeben. So baute man Kapellen und Kirchen, vor allem jedoch die großen Kathedralen nur an besonderen, eigentlich "heidnischen" Plätzen der Kraft.

Nicht zufällig auch befinden sich die "geistigen Zentren" der Welt an ganz besonderen Punkten des Planeten.

So liegen etwa die Pyramiden in Kairo, das oft als geistige Hauptstadt der Welt gesehene Jerusalem, aber auch Tibet mit seinen geheimen Meistern auf jenem berühmten 33. Breitengrad, den man als energetische Hauptschlagader der Welt ansehen kann.

Sogar das Wissen um die Wechselbeziehung zwischen Erde und Kosmos lebte weiter und wurde zumindest symbolisch für "aufgeklärtere" Generationen bewahrt: Betrachtet man zum Beispiel die Notre-Dame-Kirchen auf der Ile-de-France, so kommt man darauf, dass sie geomantisch exakt nach dem Sternbild der Jungfrau ausgerichtet sind.

Dieses Sternbild des Zodiakus war einst als der "Gürtel der Ischtar" bekannt. Und Ischtar war im alten Babylon nichts anderes als die griechische Erdmutter Gaia. Zumindest im Mittelalter wusste man also noch, welche Energien das Leben bestimmen.

Heute aber haben wir von der besten Nutzung aller Kräfte nicht mehr die blasseste Ahnung. In unseren Köpfen mag viel stecken - die wichtigste Botschaft jedoch, nämlich die, wie man sich die besten Energien für dieses Leben besorgt, wurde uns nie beigebracht.

Dabei ist diese Botschaft ebenso einfach wie alle anderen Mysterien der Gaia-Energie: Wir sind nicht nur von einer schier unerschöpflichen Energie umgeben, die uns am Leben erhält, diese Energie ist auch zutiefst schöpferisch. Sie ist Lebens-Energie, und Lebensenergie ist nichts anderes als Kreativität und umgekehrt.

Dieses kreative Potential kann sich aber nur dann wirklich entfalten wenn die Pole von Männlichkeit und Weiblichkeit harmonieren. Jedes Kind ist der vordergründigste Beweis dafür, dass neues Leben nur aus diesen beiden Energien entstehen kann. Aber auch die Kraftplätze des Mittelalters beweisen dieses Wissen.

Denn die beste Energie entsteht tatsächlich dort, wo Mütterchen Erde und Väterchen Himmel ihr gemeinsames Spiel spielen.

Dass Männlichkeit und Weiblichkeit auch dann ihre Hand im Spiel haben, wenn es um unsere eigenen Energien und jenen Magnetismus geht, dem es gelingt die Dinge anzuziehen, die wir uns wünschen, darauf aber kommen nur ganz wenige.

Dabei ist die Geschichte ganz einfach! Denken Sie nur an die dritte und vierte Regel der Gaia-Energie! Sie raten uns, Überflüssiges wegzulassen und die Dinge zuzulassen.

Was auf den ersten Blick nicht hundertprozentig übereinstimmt - wie kann man schließlich zulassen und gleichzeitig weglassen - hat als Hintergrund und als Ziel einen offenen Körper. Denn, ob Mann oder Frau, der Körper ist das weibliche Prinzip in uns allen und für jeden weiteren Schritt muss er sozusagen empfängnisbereit gemacht werden. Davon hängt es nämlich ab, ob der männliche "Samen" des Denkens auf einen fruchtbaren "Boden" fällt.

DIE INNERE HOCHZEIT

Die zwei Pole Himmel und Erde existieren also überall!

In der Erziehung, wo wohlmeinende Menschen immer zu früh in Richtung irgendwelche "Himmel" ziehen. In Religion, Geschichte und Staat, wo man uns immer in bestimmte Richtungen drängen will. Vor allem aber in unserem Körper. Denn dort soll jene berühmte chymische Hochzeit stattfinden, die Jahrhunderte das Geheimnis der Alchemisten war.

Und auch dieses Geheimnis ist eigentlich ganz einfach: es sagt nicht mehr und nicht weniger, als dass die ganz Gescheiten schon vor Jahrtausenden keinen Krieg zwischen Körper und Denken zuließen, sondern jene innere Hochzeit anstrebten, an der viel herumgerätselt wurde.

Heute brauchen Sie sich Ihren Körper nur völlig ruhig, eingehüllt in bester Gaia-Energie, vorzustellen - und Sie wissen, dass auch in Ihnen ununterbrochen eine Hochzeit zwischen Weiblichkeit und Männlichkeit stattfinden könnte. Dass jeder Augenblick die Möglichkeit für die Schöpfung neuer Ideen und Gefühle birgt, dass alle diese Schöpfungen aber nur so gut sind, so sehr Sie zuerst Ihren Körper entspannen.

Jeder wirklich geniale Gedanke beruht auf einem lustvollen Körper. Alle großen Lieben beginnen zumeist zu solch außergewöhnlichen Zeitpunkten, wo wir uns ohnehin *high* fühlen. Bei wirklich guten Freunden, weiß unser Körper, dass er loslassen kann. Große Geschäfte werden oft zu Zeitpunkten getätigt, wo rundherum auch alles andere in Ordnung ist. In Augenblicken, in denen unser Körper sich völlig weiblich fühlt, scheint er auch unserem Denken die beste Männlichkeit zu verleihen. Auch dies war einst ein Geheimnis der Alchemisten, die den Androgyn, den Menschen, der Männlichkeit und Weiblichkeit zu vereinen wusste, als Ziel jeder Entwicklung ansahen.

Und heute sieht es beinahe so aus, als ob Mütterchen Natur und Väterchen Himmel sich die Vereinigung der besten Kräfte ohnehin ausgedacht hätten. Nur wir müssen den genialen Meisterplan für unsere Intelligenz erst als die Vermählung all unserer weiblichen und männlichen Möglichkeiten begreifen. Was einigermaßen schwierig ist, weil man nicht einmal als Frau jenes weibliche Lernen der Natur ganz gelernt hat, das einfach nur "zulassen" bedeutet.

Sie brauchen nur die Probe aufs Exempel zu machen und sich wahre Weiblichkeit vorzustellen! Nicht alle die unnötigen Accessoires, mit denen der Begriff behängt ist, sondern hundertprozentige Feminität. Sehr schnell werden Sie dabei darauf kommen, dass wir alle, ob Mann oder Frau, eigentlich keine Ahnung haben, was die Schöpfung uns sagen wollte, als sie zwei Geschlechter schuf.

Dann versuchen Sie es ein zweites Mal: Lassen Sie alle vorgefertigten Bilder, alle logischen Konstruktionen weg. Schließen Sie die Augen und lassen Sie Ihre Sinne Weiblichkeit erspüren. Falls Sie dies auch nur fünf Minuten schaffen, dann werden Sie wissen, was wahre Weiblichkeit ist. Daraufhin stellen Sie sich hundertprozentige Männlichkeit vor!

In den alten Fruchtbarkeitsreligionen des Orients waren übrigens die Vulva und der Phallus das Symbol dafür und die „Gefühle“ in diesen beiden Geschlechtsorganen sind tatsächlich eine gute Orientierungshilfe in Sachen Schöpfung: Gelingt es ihnen nämlich, sich Empfängnisbereitschaft im Körper und lustvolle Zielgerichtetheit im Kopf vorzustellen, dann wissen Sie auch, wie jenes zutiefst schöpferische "*Leben pur*" aussehen könnte, das wir uns in unseren Beziehungen so sehr wünschen. Dass wir es viel zu selten bekommen oder dass es zu oft wieder schnell verödet, liegt an unserem eigenen unzureichenden Magnetismus.

Daran dass wir selbst nicht jene Ganzheit erreichen, die wir uns vom anderen Geschlecht ersehnen.

Dabei ist diese hundertprozentige Ganzheit sogar in jenem Gehirn vorgesehen, das inzwischen zu oft als Störenfried agiert. Unruhestifter spielen unsere grauen Zellen nämlich nur solange, solange sie nicht die besten Möglichkeiten ausspielen können.

Und die sind, wie uns die neueste Forschung zeigt, dann am besten, wenn es auch im Gehirn zum ewigen Spiel des Lebens, zu einer lustvollen Vereinigung von männlichen und weiblichen Aktivitäten kommt.

Das Wissen über unseren Denk-Apparat ist heute ebenso beeindruckend, wie es vielleicht einstmals die Mondlandung war. Nachdem sich der Mensch Jahrtausende damit beschäftigte, fremde Länder und Kontinente zu erobern, waren der Mond und die Entdeckung von Gaia eigentlich nur eine Zwischenstation.

Heute sind wir auf der Suche nach etwas noch viel Aufregenderem: nach unserem Gehirn, mit dessen Hilfe wir endlich wieder zu jener Ganzheit und Identität gelangen, die man uns einst als Kind genommen hat.

Denn nichts beweist uns so trefflich wie unser Denk-Apparat, wie phantastisch das Gaia-Prinzip für uns "vorgedacht" hätte.

Durchschnittlich nur zwischen 1200 und 1400 Gramm schwer, ist das einer Nuss ähnelnde Organ eigentlich recht handlich. Doch allein die Anzahl der Neuronen im Neocortex übertrifft mit 100 Milliarden die Anzahl aller Sterne im bekannten Universum. Die Verbindung dazwischen ist hochkompliziert und doch recht einfach.

Ungezählte chemische und elektrische Aktivitäten schwingen dabei wie ein Weizenfeld, in das der Wind bläst. Das Muster, das dabei entsteht, kann von einem einzigen Neuron entfacht werden, das sich an ein Geräusch, einen Geruch, eine Empfindung "erinnert". Denken Sie nur an einen Marienkäfer!

Auf Anhieb sind alle die schönen Gefühle da, die Sie hatten, als man Ihnen als Kind von den Glücksbringern erzählte. Erde dagegen erweckt möglicherweise jene widersprüchlichen Gefühle, die einst in Ihnen hochstiegen, als Sie als Kind als Schmutzfink bezeichnet wurden.

Dieses "Gute-Erde-und-schlechte-Erde-Denken" beruht darauf, dass die ersten Eindrücke in unserem Körperdenken stattfinden. Im Kleinhirn, wo die Grundmuster des heranwachsenden Gehirns gezeichnet werden, geht es vor allem um die Anpassung an das, was geschieht.

Deswegen beruht das Denken von Naturvölkern und Kindern auf reinstem Miterleben, das sich eins mit der Erde fühlt.

Die Zivilisation jedoch vergisst zumeist auf diesen ältesten und weiblichsten Gehirnteil, der hundertprozentige Sicherheit, feminines Zulassen sozusagen, braucht.

Und weil er ziemlich sauer reagiert, sobald dies nicht der Fall ist, ist es nach den Verfechtern einer magischen Kindheit auch nicht so schlimm, einem Kind Erde ganz einfach aus dem Mund zu nehmen.

Unnatürlich wird die Sache erst, wenn man als Erwachsener zu viel erklärt. Dasselbe gilt für viele ähnliche Situationen. Ein festes "Nein" ist in den meisten Fällen hilfreicher als zu lange und vor allem unverständliche Erklärungen. Dies verhindert nämlich die Überflutung durch Reize, eine der größten Gefahren für das kindliche Gehirn.

Das normale Denken, vor allem das eines kleinen Kindes, funktioniert ja als eine Art Schutzwall.

Alles, was im Augenblick nicht notwendig ist, wird ausgefiltert, der Blickwinkel begrenzt, Wesentliches vom Unwesentlichen getrennt. Dies schafft jedes Kind vortrefflich! In dem Augenblick aber, in dem es von der abstrakten Logik zu früh gestört wird, wird aus dem ursprünglichen Schutzwall ein Verteidigungswall. Die Botschaften, die vom Kleinhirn über das limbische System zum Neocortex eilen, sind verunsichert.

Die fatale Folge ist ein Angst-und Verteidigungs-Denken, das uns um einiges schlechter denken lässt als wir es könnten.

DER HÖHEPUNKTS-TRICK

Dass die Dinge nicht ganz so irreparabel sind wie es manchmal aussieht, beweisen uns jedoch jene Höhepunkte, die wir mit dem passenden *know how* in Zukunft beliebig oft inszenieren können.

Falls Ihr Kleinhirn nämlich wieder einmal voller Wut und Angst negative Botschaften in Ihr größeres Gehirn sendet, probieren Sie ganz einfach den Höhepunkts-Trick: Gehen Sie einen Augenblick ins Freie. Verwurzeln Sie sich in der Erde. Werden Sie eins mit ihr. Stellen Sie sich Gaia in Ihrer Mitte und rund um Sie vor und lächeln Sie. Lächeln Sie so lange bis Sie spüren wie die Erde Sie mir Kraft erfüllt und Ihnen sagt, dass das wirkliche Leben sehr viel größer ist als jene Dinge, über die man sich zu oft ärgert.

Den Trick hinter dem Trick spüren Sie nach ein paar absichtlich initiierten Höhepunkten. Lächeln öffnet uns. Es macht uns weiter, weiblicher. Gleichzeitig spricht es das limbische System, die Gefühle als Vermittler an. Zusätzlich gelingt es einem herzlichen Lächeln auf den Lippen, in den Augen und im Herzen zumeist, das Gehirn in genau jenen Zustand zu versetzen, der allen Höhepunkten als Voraussetzung dient: Die beiden Hemisphären des Gehirns, die logische linke Hälfte und die intuitive rechte Hälfte beginnen sich zu vereinen. Sobald sie in einem kohärenten Rhythmus schwingen, bekommen wir eine Art Energieschub. Plötzlich sieht die Welt heller und leuchtender aus.

Die Hochzeit von weiblich und männlich schafft also auch hier Neues. Und wie so vieles andere sollte uns dies eigentlich in die Wiege gelegt worden sein. Als wir noch Kinder waren, existierten in unserem Gehirn nämlich keine so festen Trennungslinien wie dies bei Erwachsenen der Fall ist. Körper-Empfindungen und die Beziehung zur Erde übersiedeln erst mit sieben ausschließlich in die alten Teile unseres Gehirns. Auch unser Gefühls-Denken beginnt sich erst ziemlich spät zu verfestigen. Ebenso dauert die Kommunikation zwischen dem kollektiven Bewusstsein im rechts Teil des Gehirns und dem abstrakten linken Teil die ganze Jugendzeit hindurch an.

Darum sehen viele *kids* vielleicht sogar tatsächlich Elfen oder andere Energiegestalten. Und darum könnten viele Fähigkeiten des Gehirns erhalten bleiben, wenn wir nur als Kind nicht zu früh einteilen, trennen und urteilen müssten.

So wie es aussieht, wären sogar jede Menge toller Erfahrungen für unser Leben vorgesehen. So wie nämlich das Gehirn bei Spitzenerfahrungen kohärent schwingt, so kennt es auch andere Zustände, die für hundertprozentige Zufriedenheit sorgen. In einem Augenblick, in dem wir gleichmäßig und ruhig atmen, nicht gestresst, aber doch aufmerksam sind, kommt es zu einer Kombination von Theta-und Alphawellen, die trotzdem von bewussten Betawellen begleitet werden.

In der Regel passiert so etwas nur, wenn wir tollen Sex haben. Ansonsten überwiegen die nach außen gerichteten schnell schwingenden Betawellen. Sie sind die Schuldigen daran, dass wir alle Befriedigungen außerhalb von uns suchen. Ihr schneller und aufregender Rhythmus hat das Denken zwar in schwindelerregende Höhen geführt, es aber gleichzeitig auch unsicher und fehlerhaft gemacht. Ihm fehlen nämlich zumeist die langsameren Alphawellen, die in unserem Gehirn dominieren, wenn wir angstfrei und entspannt sind.

Von den noch beruhigenderen Theta-und Deltawellen wissen wir zumeist nur dann, wenn wir uns in dieser oder jener Meditation so richtig schön regenerieren. Vor allem sie jedoch sorgen dafür, dass mehr Sauerstoff ins Gehirn kommt und sich der Gehirnrhythmus beruhigt.

Nicht umsonst weisen Bewusstseinsforscher darauf hin, dass man höchste geistige Wachheit nicht ausschließlich mit den schnell schwingenden Betawellen erreicht, sondern vor allem mit Alphawellen mit hohen Ausschlägen und gleichzeitigen Aktivitäten im Beta-und Delta-Bereich.

BESTES DENKEN KENNT KEIN "ENTWEDER" UND KEIN "ODER"

Erstaunlicherweise funktioniert ja auch das Hirn genauso wie Gaia. Es ist stufenartig aufgebaut, es agiert homöostatisch, das heißt, das kleinste Neuron arbeitet mit allen anderen zusammen. Seine Schwingungen wiederum ähneln dem Korrespondenzgesetz: je nach Notwendigkeit ist Hyperaktivität oder Ruhe angesagt. So gelingt Ihnen bei Ihrer Gaia-Meditation ein Kunststück, das ansonsten nur an sehr kleinen Kindern zu beobachten ist. Deren Gehirn schwingt nämlich nicht nur in den ruhigen Thetawellen, es befindet sich dadurch auch in Einklang mit der Ionosphäre und der Schwingung der Erde. Erst auf diesen beruhigenden Mustern in den alten Gehirnteilen bauen dann die Gefühle und das abstrakte Denken auf.

So ist es kein Zufall, dass Sie nach einer gelungenen Meditation manchmal vielleicht über jene optimale Art zu denken verfügen, die manche Jugendliche auszeichnet.

Hatten diese nämlich die Chance, sich jene Selbstsicherheit zu erwerben, die die Natur für sie vorgesehen hat, so werfen sie in der Pubertät auch gedankliche Bälle so hoch, wie sie es einst mit ihren Bällen als Kinder taten. Sie verfügen über jenes Denken ohne irgendwelche Grenzen, das Gehirnforscher als das reifste überhaupt bezeichnen. Denn das Reversibilitätsdenken ist ein Denken ohne "entweder" und "oder", ein Denken ohne Einschränkungen, das sich die besten Möglichkeiten völlig spielerisch sucht.

Ein solches Denken entwickelt sich jedoch nur dann, wenn das Gehirn immer wieder in Ruhe seine Begriffsmuster von der Welt aufbauen kann. Wenn wir wieder einmal an den Meisterplan für die Intelligenz denken, hat Lernen ja sehr viel mit rhythmischer An-und Entspannung zu tun. Der Körper produziert in Alarmsituationen Adrenalin, dieses wiederum baut sich zur Bewältigung möglicher Gefahren mit Hilfe von neuem Eiweißmaterial neue Wege zwischen den Gehirnzellen.

Und dieses neue Eiweiß und die neuen Verbindungen im Gehirn bedeutet neues Lernen.

Der Plan dabei ist so phantastisch, dass man jetzt auch darauf gekommen ist, dass das Gehirn nicht unbedingt altern muss. Es kann auch in fortgeschrittenen Jahren noch wachsen. Der Schlüssel dahinter ist vermehrte Energie, die dafür sorgt, dass die Dendriten, die Fasern zwischen den Nervenzellen wachsen.

Die Gaia-Energie hat sich also auch für unser Gehirn die optimalsten Bedingungen geschaffen. Durch den Bruch auf der Skala der Lebendigkeit bleibt sie jedoch zu oft nicht nur in unserem Bauch und in schlechten Gefühlen stecken - sie führt auch in unserem Kopf ein ziemlich widerspenstiges Leben.

Unser Körper-Denken hat Vorstoß oder Rückzug gelernt. Unser Gefühls-Denken hat uns zu Siegern oder Verlierern gemacht. Aber erst unser Denken vollendet schließlich den Tyrannen, den Besserwisser, den verschlossenen oder den armen Typ. Alles, was wir normalerweise denken, dient genau genommen der besseren Kostümierung unseres Typs. Auch denkend reagieren wir offen, neugierig, verschlossen oder scheu auf eine Situation. Und wer gelernt hat, sein inneres Kind zu beobachten, kommt diesem auch beim Denken schnell auf die Spur.

Schauen Sie sich beim nächsten Gespräch, bei der nächsten Verhandlung, beim nächsten Einkaufen genau zu.

Gehören Sie zu jenen Zeitgenossen, die viel und gerne reden, die Ihre Geistesblitze mit größtem Vergnügen einer möglichst großen Zuhörerschar erklären? Oder überrollen Sie die Menschen mit einem unüberhörbaren Befehlston?

Gehören Sie zu den Schweigern, die sich einigeln und die anderen ihre Geschichten erzählen lassen?

Oder würden Sie ganz gerne reden, getrauen sich nur nicht?

Fall Sie mit einer der vier möglichen Antworten jetzt auch von Gedanken und Worten Ihren Typ bestätigt bekommen, denken Sie daran, dass er nur der Griff nach Ersatzenergie darstellt. Dass er nur eine Art Kostüm ist, das Sie sich irgendwann einmal anstelle Ihres wirklichen Ichs zulegten.

Zu diesem können Sie jedoch jederzeit zurückkehren, wenn Sie den Knick in der Evolution, der uns allen zustößt, immer wieder aufs Neue entlarven.

Machen Sie gleich bei der nächsten Gelegenheit den Versuch und wandeln Sie auch ihre Denk-Klischees um! Marschieren Sie nicht munter nach draußen los, ziehen Sie sich nicht weit in sich zurück, zentrieren Sie sich ganz einfach, stellen Sie sich die Gaia-Energie in Ihnen und um Sie vor und dann drehen Sie den Spieß wieder einmal um. Falls Sie zu den Viel-Rednern gehören, schweigen Sie! Genießen Sie Ihre Energie und die Tatsache, dass Sie sie zur Abwechslung nicht aus sich hinausschleudern!

Gehören Sie jedoch zu den wortkargen Typen, versuchen Sie sich vorzustellen, welchen Spaß es macht, mit Menschen zu reden, Ihnen auch Ihre Ansichten darzulegen. Genießen Sie jedes Wort, den Tonfall, die Sprachgeschwindigkeit.

Reden kann erschöpfen. Es kann aber auch dazu führen, dass sich die Energie nicht irgendwo in unserem Inneren versteckt, sondern, dass sie uns mit Harmonie umgibt und uns mit anderen verbindet.

EVOLUTIONS-SPIELE

Die Augen als Jäger

Wir allen kennen den berühmten Ausspruch von Goethe, dass das menschliche Auge nicht in der Lage wäre, die Sonne zu sehen, wenn es selbst nicht sonnenhaft wäre. Trotzdem machen wir uns noch immer zu wenig klar, dass unser Auge tatsächlich als eine Art Kamera fungiert, die den Film des Lebens nach eigenen Möglichkeiten gestaltet. Auf die Sonne und die vielen sonnenhaften Möglichkeiten in unserem

Leben verzichten wir dabei zu oft. Nicht nur weil wir in Gedanken immer nach außen hasten und unsere Augen als Jäger unterwegs sind, sondern weil viel Schattenhaftes in uns ist.

Wie sehr die Augen diese Sicht des Lebens bestimmen, bemerkt man, wenn man ein paar Versuche mit ihnen anstellt. Setzen Sie sich dazu wieder einmal auf einen Balkon, in einen Garten oder Park, von dem aus Sie einen Baum beobachten können. Dann beobachten Sie zuerst einmal nur Ihre Augen. Wie fühlen sie sich an, sind sie angespannt oder entspannt? Blinzeln Sie ein wenig, drehen Sie die Augen ganz langsam einmal nach rechts, dann nach links und dann lassen Sie sie immer weicher und weicher werden. Wenn Sie den größten Grad an Weichheit erreicht haben, wenn Sie sich vorstellen können, dass Ihre Sehwerkzeuge beinahe ganz durchlässig geworden sind, werfen Sie einen Blick auf den Schatten des Baumes. Je länger Ihnen dies gelingt, umso mehr wird Ihnen klar, dass das Loslassen der Augen und der festumrissenen Dinge automatisch Ihren Körper entspannt.

In einem zweiten Anlauf drehen Sie den gewohnten Ablauf des Sehens ganz einfach um. Stellen Sie sich nun vor, der Baum müsste nicht von ihnen gesehen werden, sondern er würde Sie sehen, Ihre Energien abchecken.

Diese spiegelverkehrte Sicht der Dinge haben Sie schon ein wenig geübt, als Sie sich vorstellten, Sie und die ganze Natur wären heilig und würden in einem energetischen Austausch stehen.

Probieren Sie genau dies noch einmal! Stellen Sie sich vor, der Baum vor Ihnen wäre ein heiliger Baum und er würde in Sie eindringen, würde Ihnen Energie geben, Sie lebendig und gleichzeitig ruhig machen! Dann lassen Sie diese, Ihre neue Energie zurück zu dem Baum, zwischen seine Blätter und Äste fließen.

Wenn Sie dann innehalten und beobachten, wie sehr Ihre Energie angestiegen ist, wie auch Sie dabei heil und ganz geworden sind, können Sie das energetische Wechselspiel bewusst genießen. Tun Sie dies solange bis Sie spüren, dass das Ganze mehr ist als pure Einbildung, dass tatsächlich stärkende Energie zwischen uns und der Natur hin- und herfließen kann, wenn wir dies nur zulassen.

Sie treten dabei übrigens in berühmte Fußstapfen. So steckt hinter der berühmten Baraka der Sufis, etwas Ähnliches. Ein Mensch mit Baraka, ein Sufi-Heiliger ist zwar ein islamischer Mystiker, andererseits ist von den Sufis bekannt, dass sie durchaus weltlich und rundherum praktisch eingestellt sind.

Darum versorgen sie Dinge und Menschen zuerst einmal mit ihrer eigenen Energie. Sie wissen, dass sie sie irgendwann doppelt zurückbekommen.

Derselbe Trick gelingt Ihnen, wenn Sie mit strahlenden und weichen Augen die Welt um sich energetisieren. Stellen Sie sich einen Baum als heilig vor und sie bekommen Heiligkeit zurück! Dann spielen Sie das Spiel mit Menschen weiter.

Schulen Sie Ihr visuelles Bewusstsein im ganz normalen Leben. Beobachten Sie, wie strahlende Augen auf Ihre Familie auf Ihre Kollegen, Freunde und Partner auswirken.

DAS FÜNFTE GESETZ

Je länger man sich nicht nur intellektuell sondern auch gefühlsmäßig mit der Magie der Gaia-*vibes* beschäftigt, desto schneller gelangt man in die eigene Mitte. Hinein ins eigene Leben, wo auch sofort die fünfte Regel der Gaia-Energie auf uns wartet. Haben uns die vorhergegangenen, eher weiblichen Regeln beigebracht, dass wir über ungeahnte Kräfte verfügen, wenn wir die Gaia-*vibes* verstehen und zulassen, so geht es nun in eine eher männliche Richtung.

Sobald wir nämlich kapieren, wie phantastisch die *power* dieses Planeten auch in uns funktionieren könnte, bleibt uns eigentlich gar nichts anderes übrig, als zielgerecht auf den Widerstand zuzumarschieren. Auf die Weigerung, unlebendig zu leben, weiterhin völlig mechanisch auf der Null zu agieren und sich immer wieder in die Bereiche der Minus-*power* hinunter ziehen zu lassen.

Dieser Widerstand gegen alles, was unsere Energien schmälert, ist immens wichtig!

Ohne Regel Nummer Fünf bleiben wir auf der Schulbank des Lebens sitzen. Wir klettern zwar auf der Skala der Lebendigkeit von Zeit zu Zeit hoch, rutschen jedoch wieder unter die Null. Und das alte Roboter-Spiel dreht sich weiterhin im Kreis.

Nur wenn wir es schaffen, alle jene unlebendigen Verführungen abzulehnen, die uns nicht ganz so gesund, munter, leidenschaftlich und energetisch machen, wie wir sein könnten, speichern wir mehr Energie. Und erst damit gelangen wir zu jenen genialen Geistesblitzen und zu jenen wirklich positiven Gefühlen, die so dringend notwendig sind.

Lebendiger zu denken, lebendiger zu fühlen und lebendiger zu handeln ist nämlich auch jener Tribut an Gaia, der eigentlich längst selbstverständlich sein sollte. Denn wir sitzen alle im selben Boot: Ein Stück biologisches Obst, ein biologischer Salat bedeutet Lichtenergie für unseren Körper und weniger Gift für die Erde. Jedes Kleidungsstück, das aus biologischem Anbau stammt, tut unserer Haut ebenso gut wie es der Haut von Gaia gut tut.

Jedes Fleisch aus einer Massentierhaltung, jeder künstlich gezogene Fisch bedeutet Tierquälerei gleichzeitig aber auch Minus-*power* für unseren und den Körper von Gaia.

Jedes natürlich gebaute Haus schafft weniger Allergien auf unserer Haut und gleichzeitig keine Allergien auf dem Mantel der Erde.

Führen Sie die Liste selbst weiter und Sie werden draufkommen, dass besseres Denken für uns und die Erde keine Grenzen kennt!

Wir müssen uns nur fragen, ob wir nicht längst umweltfreundlichere Heizungen, umweltschonendere Fahrzeuge und eine völlig andere Technik hätten, wenn nicht mit dem schwarzen Gold von Mutter Erde noch immer ungeheure Geschäfte gemacht würden.

Oder wir können über Atomkraftwerke spekulieren, die noch immer mit alternativen Energien konkurrieren.

Das Denken für uns und die Umwelt scheitert ja nicht so sehr am Denken selbst, es scheitert ganz einfach daran, dass wir am Leben vorbei denken. Dass wir gar nicht begreifen, wie wichtig *„Leben pur“* und wie letztlich unwichtig das große Geschäft mit diesem Leben ist.

Darum steht vor dem besseren Denken für uns und für "Gaia" auch zuerst die Verweigerung!

Die Weigerung auch weiterhin in jene Lebendigkeitsfalle zu laufen, die uns unhinterfragt als Fortschritt verkündet wird.

Denn Lebendigkeit bedeutet nicht größte Gewinne, nicht größte Publicity, nicht irgendwelchen Versprechungen auf ein langes und noch hektischeres Leben.

Lebendigkeit passiert nur dort, wo die beste Kraft am besten Ort zur besten Zeit waltet. Aber nicht nur die Ekstase beim Sex, Höhepunkte in der Natur oder Spitzenerlebnisse beim Denken beweisen uns, dass die Vereinigung von männlichen und weiblichen Kräften überall notwendig ist. Das uralte Spiel von Mutter Erde und Vater Himmel, von Natur und Kultur, Körper und Geist muss allerorten gespielt werden.

Im Klartext bedeutet dies bestes Denken mit der Natur, beste Forschung für die Natur, beste Wirtschaft und Politik für die Natur. Und all dies beginnt - man kann es nicht oft genug wiederholen - bei jedem einzelnen!

Wer bis jetzt nämlich gemeint hat, die fünfte Regel der Gaia-Energie würde nicht viel nützen, weil die Weigerung eines einzelnen einem Tropfen im Ozean gleicht, muss nur daran denken, dass auch ein Ozean aus Tropfen besteht.

Oder er könnte natürlich auch auf die Suche nach einem Spinnennetz gehen.

Wer sich nämlich von einem solchen Wunderwerk der Natur faszinieren lässt lassen, dem gelingen zwei Dinge auf einen Schlag: Die Vergangenheit wird außer Kraft gesetzt. Schließlich hat man den meisten von uns Abscheu vor Spinnen beigebracht.

Gleichzeitig zeigt das Netz auf eindringlichste Art und Weise, wie wir alle durch die Gaia-Energie miteinander verbunden sind. Das beinahe unsichtbare Gewebe ist hauchdünn aber trotzdem beeindruckend widerstandfähig weil jeder kleinste Faden zur Tragkraft des Ganzen beiträgt. Auf dieselbe Art und Weise zählt jede kleinste Weigerung von uns! Jedes Mal, wenn wir

"*Nein!*" zu etwas völlig Unlebendigem sagen, stärken wir die Lebendigkeit des Netzes, mit dem "Gaia" uns umgibt und durchdringt. Darum müssen wir uns auch schleunigst weigern! Jetzt, sofort und rasch!

Und dies beginnt bei den naheliegendsten Dingen.

Gerade die Suche nach natürlicher Nahrung, nach natürlichen Heilmitteln und der "*run*" auf die alternative Medizin beweisen uns ja heute, wie schnell neue Dinge geschehen können.

Was vor einem Vierteljahrhundert noch völlig verrückt klang, ist heute in Sachen Ernährung und Gesundheit beinahe schon zum Allgemeinwissen geworden.

Die Weigerung einiger Weniger hat innerhalb kürzester Zeit zu einer ungeheuren alternativen Bewegung geführt. Diese Bewegung kann noch sehr viel größer werden, sobald wir kapieren, dass jedes „*Nein!*" gleichzeitig ein riesiges „*Ja!*" zum Leben ist.

Und dieses Spiel in Sachen Lebendigkeit geht weit über energetische Nahrung und alternative Medizin hinaus. Lassen Sie sich bei Ihrer Arbeit einmal alle jene Lösungen einfallen, die auf der Lebendigkeits-Skala am höchsten stehen würden! Sie werden sehen, welchen Spaß und Erfolg man mit solch intuitiven Einfällen haben kann.

Denn Lebendigkeit, wahre Lebendigkeit zahlt sich im Endeffekt immer aus! Vor allem aber weigern Sie sich, in Ihrer Freizeit unlebendigem Leben zu nach zu laufen! Dies muss nicht unbedingt mit einer einzigen riesigen Weigerung beginnen.

Nach James Lovelock müssen wir erst draufkommen, dass homöopathische Dosen in Sachen "Gaia" vielleicht wirksamer sind als gewaltsame große Lösungen, die aus lauter Opportunismus und Gewinnsucht ohnehin kein großer Konzern und keine Regierung schaffen. Für den Begründer der Gaia-Hypothese ist die Trockenlegung der Sümpfe rund um Rom vor zweitausend Jahren ein Beispiel dafür, wie schnell einfacher Pragmatismus wirken kann. Die alten Römer warteten nicht auf eine Impfung gegen die Malaria, sie überlegten, dass die schlechten Ausdünstungen der Sumpfgebiete die Menschen krank machen und legten sie trocken. Heute sind wir in Wissenschaft und Forschung sehr viel weiter, wir rätseln nicht nur an neuen Impfungen sondern auch an den diversen lebensverlängernden Methoden herum. Aber an die Ursachen von Krankheiten, die allgemeinen ziemlich giftigen Ausdünstungen gehen wir nicht heran.

Vielleicht sollten wir deswegen unsere und die Probleme von Gaia tatsächlich mit Hilfe der Homöopathie behandeln. Homöopathie bedeutet schließlich nicht umsonst, ein Gift mit demselben Gift aber in winzigster Dosierung zu bekämpfen. Genau dies aber fordert die fünfte Regel der Gaia-Energie. Bis heute haben wir uns aus Unwissenheit, Gier oder einfacher Dummheit allen jenen natürlichen Energien verweigert, die Gaia für uns vorgesehen hat. Die einzige wirksame Maßnahme dagegen ist eine neuerliche Verweigerung. Diesmal aber eine, die jener Minus-*power* gilt, deren Gefährlichkeit wir noch gar nicht so richtig entlarvt haben.

EVOLUTIONS-SPIELE

Fühlend denken und denkend fühlen

Alle bisherigen Übungen sind ein Beweis dafür, dass man mit der Imagination tatsächlich ins Unbewusste und in den Körper vordringen kann - ein Kunststück, das der Logik noch nie ganz gelungen ist. Wie aber gelangt man zur Logik selbst? Wie überwindet man jenen beinahe unüberwindlichen Schutzwall, den wir uns als Kind als Verteidigungsstrategie zugelegt haben? Wie macht man unserem "Entweder-oder-Denken" ein Ende? Wie wirft man Gedanken tatsächlich wie Bälle in die Luft, um sich spielerisch die Besten herauszufischen?

Sein eigenes Denken unter die Lupe zu nehmen, ist ein Kunststück, das eigentlich nur einem unbeteiligten Beobachter gelingt. Und diesen zu spielen, ist wiederum ein anderes Kunststück. Man kann nämlich in jahrelangen Meditationsübungen die Gedanken sehr wohl an sich vorbeiziehen lassen - im Alltag wird die Geschichte schon deswegen schwierig, weil wir zu oft einfach emotional reagieren, wenn wir nur logisch denken sollten. Und wie oft reagieren wir ganz einfach logisch, wenn Gefühle am Platz wären?

Wir brauchen also eine völlig neue Art, auf die Dinge zuzugehen. Wir müssen fühlend denken und denkend fühlen. Dabei tun wir eigentlich nur das, was uns auch zusteht, wir verbinden alle Teile unseres Gehirns und sind gleichzeitig in unserem Zentrum fest verankert. Die Energie verströmt dabei nicht diffus in alle Richtungen, sondern wir konzentrieren sie in und um uns. Wie aber kommen wir zu diesem neuen Einfühlungs-vermögen? Wie lernen wir neue Dinge zu verbinden und alte schädliche Programme in uns zu zerstreuen?

Nach William J.J.Gordon, dem Begründer des synchronen Denkens, beruht die Fähigkeit, einfühlsamer zu denken, auf der Kunst, Verbindungen herzustellen. Er wurde damit zum Begründer des Synetics Programmes, das nicht nur für mehr Vertrauen sorgt, sondern es auch schafft, beide Gehirnhälften gemeinsam schwingen zu lassen.

Falls Sie einen Versuch mit Synetics machen wollen, setzen Sie sich doch einmal mit den Schülern einer Synetics-Klasse auf eine Schulbank und fragen sich eine ganz einfache Frage.

Vielleicht jene, was das Wachstum eines Eies und das Wachsen eines Samens gemeinsam haben? Falls Sie diese Frage verblüfft, beantworten Sie sie trotzdem. Wahrscheinlich wird sie nämlich auch bei aller Kompliziertheit der Antwort von Schülern gleichen, die noch nicht an unser getrenntes Denken gewohnt sind. Hühner können laufen und

Pflanzen haben keine Federn, wussten nämlich jene Achtjährigen zu berichten, die noch keine Erfahrung im Verbinden von Dingen hatten.

Sobald Sie jedoch ein wenig Übung in der Kunst einer ganzheitlichen Weltsicht haben, gelingt Ihnen vielleicht eine sehr viel phantasievollere Antwort. Eventuell sogar eine so wunderschöne wie die jenes Kindes, das meinte: "Allein das Ei und das Samenkorn wissen, was sie sein werden, wenn sie größer sind. Irgendetwas in ihrem Inneren erzählt es ihnen."

Irgendwas in unserem Inneren erzählt uns tatsächlich ununterbrochen, was wir sein könnten! Wir hören nur zu wenig hin, weil unser altes Denken uns zu sehr einschränkt. Mit ein wenig Übung im Verbinden anstatt dem üblichen Zerteilen und Verurteilen bekommen wir aber schnell eine Kostprobe von den Möglichkeiten unseres Denkens.

Wenn Sie in Zukunft irgendwelche Probleme haben oder vor einer Situation stehen, mit der Sie nicht fertig werden, ziehen Sie sich für eine halbe Stunde zurück. Betrachten Sie so ruhig wie möglich die Verbindungen zwischen Ihrem Heute, Ihrer Vergangenheit und dem, was Sie in Zukunft wollen. Beurteilen Sie nichts, fokussieren Sie alte Gewohnheiten, Ängste, Hoffnungen, Ihren Typ einfach nur so, als ob Sie ein unbeteiligter Beobachter wären. Dann überlegen Sie sich, ob Sie als objektiver Zeuge und aus der heutigen Sicht nicht längst völlig neue Verbindungen knüpfen könnten.

Das Synetics-Programm eignet sich auch vortrefflich dazu, völlig neue Verbindungen zwischen sich und "Gaia" herzustellen. Machen Sie einmal den Versuch und legen Sie eine eigene Gaia-Liste an. Schreiben Sie darauf aber nicht nur, was Sie positiv mit der Erde verbindet und was Sie in Zukunft noch stärken können, notieren Sie sich auch alle Dinge, die Sie auf zerstörerische Art verbinden. Also nicht nur das total befriedigende Kribbeln im Bauch, wenn Sie den Müll wieder einmal schön getrennt haben oder wenn Sie mit einem befriedigenden Blick feststellen, dass eigentlich alle Ihre Putz-und -Waschmittel biologisch, also rundherum okay für alle sind. Auch nicht ausschließlich das gute Gewissen, das man bekommt, wenn man bei der Verpackung an die Umwelt denkt, sondern auf der anderen Seite auch die vielen kleinen

Mogeleien in Sachen Gaia, die sich summieren: Das ins Auto steigen, auch wenn ein kleiner Spaziergang rundherum gesünder wäre. Die modernen Designer-Leuchten, die absolut keine Energiesparlampen beheimaten wollen. Das schnelle Rasen mit dem Auto, wenn es auch umweltschonende 80 tun würden. Undundund.....

Die Zahl der größeren und kleineren Sünden kennt jeder selbst zur Genüge. Vor allem helfen Ge-und Verbote wenig dabei. Am besten ist es, wenn man merkt, welchen Spaß und welche Befriedigung es macht, rundherum lebendig zu leben und sich selber und Gaia gegenüber das tollste Gewissen zu haben. Dann verschwinden nämlich auch die kleinen Vergehen schnell. Der beste Trick dabei ist, mittels der Dissoziation alter Gedankenformen an sie heranzugehen. Nehmen Sie sich dabei Punkt für Punkt vor, schauen Sie sich genau an, wo Sie auf lieblose Art und Weise mit Gaia umgehen. Dann nehmen Sie die Ursachen unter die Lupe und legen sie auch diese dem unbeteiligten Zeugen in Ihnen vor. Daraufhin lassen Sie sich die besten Gründe einfallen, warum Sie in Zukunft nicht weiterhin zerstörerisch denken oder handeln müssen.

Wenn Ihnen dann dämmert, dass sich hinter den meisten Ideen tatsächlich nur alte und schlechte Gefühle verstecken, können sie das Programm der Synthese und der Dissoziation von Ideen auch mit in den Alltag nehmen. Wenn Sie Menschen oder Ideen begegnen, die Sie nicht ausstehen können, versuchen Sie im Geist schnell alle nur möglichen Gemeinsamkeiten zusammenzuzählen, um so ein objektiveres Bild zu bekommen. Wenn Sie jedoch von jemandem, einem Programm oder einer Situation völlig begeistert sind, schauen Sie genau hin, ob es objektive Gründe für die Zerstreuung Ihrer Gefühle gibt.

Mit beiden Methoden kommt man relativ schnell alten Denk-Programmen auf die Spur. Vor allem erfährt man, dass ein ganzheitlich geschultes Gehirn, die Welt tatsächlich um einiges vergnüglicher betrachten kann.

SCHLÄGT DIE ERDE ZURÜCK?

Die Frage des Lebens, mehr noch des Überlebens ist heute in der Tat eine Frage der Bewusstheit der Menschheit geworden.

Die eigentlich "frohe Botschaft" des Gaia-Prinzips lautet ja: Unsere Erde wird überleben! Sie bezieht sich jedoch nicht unbedingt auf den Menschen. Dieser ist in den vergangenen hundert Jahren mehr und mehr aus dem System einer gemeinsamen Lebenserhaltung ausgebrochen. In zunehmender Geschwindigkeit bedroht er das Leben auf dem Planeten. Und dies so, wie es vordem nur kosmischen Katastrophen möglich war.

Rücksichtslos hat sich die moderne Zivilisation immer weiter über die Oberfläche des Planeten gefressen. Innerhalb von kürzester Zeit haben wir alle jene Bodenschätze verbraucht, die seit Milliarden Jahren Gaias Hinterlassenschaft sind. Gleichzeitig droht eine sich explosiv vermehrende Bevölkerung jenes biologische Erbe zu zerstören, das zu schaffen Ewigkeiten gedauert hat. Große Wälder, die das Öko-System regulieren, sehen wie von Motten zerfressen aus. Seen und Flüsse sterben, Tagbau und Betonierung veröden auch in Zeiten internationaler Umweltschutzkonferenzen weite Gebiete.

Gaia ist also schwer krank.

Zwar hofft das Gaia-Konzept letztendlich doch auf den Menschen als "Gehirn der Erde". Aber auf den ersten Blick ist man tatsächlich eher dazu verleitet, jenem Bild zuzustimmen, das Gaia von Milliarden instinktlosen Parasiten befallen sieht, die ihren Wirtskörper umbringen. Erinnern wir uns an die Bakterien, die wir zu Beginn dieses Buches erwähnten: sie sind überall, sie gehören zum Leben, können nützlich, aber auch tödlich sein. Normalerweise sind sie so angepasst, dass der Wirt möglichst lange lebt. Ein Bakterium jedoch, das rebelliert, stirbt letztlich mit seinem Wirt oder wird von dessen Abwehrsystem ausgeeitert.

Lovelock selbst, der Begründer der Gaia-Theorie, sprach es schon vor Jahren offen aus: "Gaia" wird sich gegen die Zerstörung und gegen den Menschen wehren. Im Interesse des Lebens, das womöglich auch auf planetarischer Ebene über Regenerationsmechanismen und Abwehrkräfte verfügt.

Ob der Mensch dabei am Ende eine große Rolle spielt, ist fraglich und hängt letztendlich von uns allen ab.

Manche, wie der deutsche Wissenschaftspublizist Theo Löbsack, drückten es drastisch aus:

"*Der Planet, der uns hervorgebracht hat, wird uns nicht mehr lange dulden, denn wir haben gegen seine Hausordnung verstoßen. Vor uns liegt der Räumungsbefehl. Die Erde wird nicht zögern, uns wieder abzuschütteln. Wir werden anderen Lebewesen das Feld überlassen müssen.*"

Allenthalben fällt das Wort vom Menschen als Krebsgeschwür der Erde. Tatsächlich weist die Menschheit insgesamt einige wesentliche Merkmale eines bösartigen Geschwulstes auf: Wie eine Krebszelle sind wir aus dem Verbund eines auf das Erdganze ausgerichteten Systems ausgeschert und haben begonnen, uns rücksichtslos zu vermehren.

Und es gibt drastische Hinweise darauf, dass der Organismus Erde tatsächlich dabei ist, zurück zu schlagen.

Schließlich haben wir auch in Sachen Luft eine Toleranzgrenze erreicht. Chemikalien in der Atmosphäre bescheren uns mehr und mehr sauren Regen. Durch die Schornsteine der Hochindustrien freigesetzte Staub-und Schmutzpartikel blockieren das Sonnenlicht. Billionen Tonnen Kohlendioxyd, erzeugt beim

Verfeuern von Kohle, Öl, Erdgas und Holz, dazu noch Millionen Tonnen Methan, haben die Atmosphäre in eine Hitzefalle verwandelt. Die giftigen Schwaden blockieren die Wärmeabstrahlung der Erde und führen so zum berühmten Treibhauseffekt.

EIN TANZ AUF DEM VULKAN

Schon im Jahr 1977 vermuteten Wissenschaftler bis zum Jahr 2050 in Folge des Treibhauseffektes und anderer Faktoren einen Temperaturanstieg von nicht ganz drei Grad Celsius. Heute sprechen die Klimaforscher von drohenden fünf Grad. Das ist die drastischste Veränderung der Temperatur in den letzten 10.000 Jahren!

Die ökologischen und wirtschaftlichen Folgen erleben wir bereits. Die Klimazonen verschieben sich. Überschwemmungen und Sturmkatastrophen nehmen zu. Das Ansteigen der Ozeane bedroht das Leben von Millionen Küstenbewohnern. Aus den von Dürren, Wassermangel und Hungersnöten betroffenen Regionen setzen sich neue Völkerwanderungen in Bewegung.

Zu allem Überdruss spielen bei den bereits zu verzeichnenden Klimaveränderungen auch Versuche des Menschen eine Rolle, das Klima „technisch" zu beherrschen. Allein in den USA laufen Dutzende Programme zur Wettermodifikation - die meisten natürlich unter militärischer Geheimhaltung.

Bewusst verschwiegen werden auch andere klimatische Veränderungen: So beobachtet man seit Jahren, wie sich bisher ortsbeständige Windbänder, die hoch über der Erde rings um den Nordpol wehen und bisher für eine gewisse Stabilität des Wetters sorgten, zunehmend nach Süden verlagern. Das El-Nino-

Phänomen, die Verlagerung des Golfstromes sowie das Abwandern der Sahara hängen zumindest indirekt damit zusammen.

Vergleicht man Gaia mit dem Körper eines Menschen, so ist es naheliegend, alle diese Ereignisse als die Vorzeichen für einen beginnenden Reinigungsvorgang zu sehen. Denn es gibt noch Schlimmeres: In vielen Gebieten der Welt ist in der letzten Zeit der Grundwasserspiegel um mehr als zehn Meter abgesunken, Bergbau, unterirdische Bohrungen Staudämme und die neuartige Ölgewinnung durch Fracking führen zu einer zunehmenden Instabilisierung der Erdkruste. Über den Zusammenhang zwischen früheren Atomversuchen, tektonischen Verschiebungen, Erdbeben und Vulkanausbrüchen wird bis heute geschwiegen.

Dabei legten japanische Wissenschaftler schon 1976 den Beweis dafür vor, dass anormale meteorologische Veränderungen und sogar Schwankungen der Erdachse mit Atom-Versuchen zusammenhängen, bei denen sich der Nordpol bis zu einem Meter bewegte.

Die Erde reagiert auf derlei Schändungen womöglich durch langfristige Veränderungen. So hat sich ihre Umlaufgeschwindigkeit seit 1965 um drei Sekunden pro Jahr verlangsamt. Das bedeutet, dass zusätzliche Zeit erforderlich ist, damit unsere Atomuhren synchron mit der Erdumdrehung laufen.

Vieles weist darauf hin, dass die Erdrotation nicht nur nachhaltig gestört ist, sondern dass sie sich auch als Vorbereitung auf eine größere Umstellung der Erdachse verlangsamt. Denn besorgniserregend und im Allgemeinen wenig beachtet sind die geradezu dramatischen Veränderungen im Magnetfeld der Erde. Während sich beispielsweise die Magnetpole, die nicht identisch sind mit den geografischen Polen, zwischen 1850 und 1950 um nur maximal drei Kilometer jährlich bewegten, so waren es beim magnetischen Nordpol seit 1950 mehr als 350 Kilometer.

"*Die Erde gehört nicht dem Menschen, sondern der Mensch gehört der Erde!*" warnen vor allem immer wieder nordamerikanische

Indianer, die nicht müde werden, darauf hinzuweisen, dass alles, was die Erde befällt, auch deren Kindern zustößt.

Ein dramatisches Beispiel dafür ist die langfristige und nachhaltige Zerstörung des Ozongürtels. Im unteren Teil der Stratosphäre in einer Höhe von etwa zwölf bis vierzig Kilometern gelegen, soll dieser das Leben vor den tödlichen ultravioletten Strahlen schützen. Dass dies heute nur mehr teilweise gelingt, ist den lange Zeit als völlig umweltneutral betrachteten Fluorkohlenwasserstoffen zu verdanken. Diese steigen nur ganz langsam in die Atmosphäre auf. Was heute noch aus unseren Spraydosen, Kühlschränken und Klimaanlagen frei gesetzt wird, wird erst in Jahrzehnten seine zerstörerische Wirkung beginnen. Spätestens unsere Enkel werden dann wohl ohne Sonnenschutzfaktor 30 nicht mehr ins Freie gehen können.

Die Aussichten sind also alles andere als rosig. Wie ein kranker Körper reagiert die Erde in ihrem Versuch, sich selbst zu retten und mobilisiert bereits auf ihre Weise Abwehrkörper: Der Kampf gegen die erfolgreich zurückgedrängten Feinde des Menschen, die verschiedensten Krankheitserreger und Insekten nimmt wegen des Vitalitätsverlustes einer falsch ernährten Menschheit an Schärfe zu.

Dazu die Verschlechterung der Erbmasse, die rapide Zunahme psychischer Erkrankungen und die Bevölkerungsexplosion: Alles signalisiert, dass sich die Menschheit einem Punkt nähert, an dem es womöglich kein Zurück mehr gibt. Wir tanzen auf dem Vulkan!

Ohne Zweifel ist es die Kopflastigkeit des Menschen, die uns in diese Lage gebracht hat und uns immer wieder ohne jedes planetarische Bewusstsein handeln lässt. Hoffnung gibt es nur, wenn wir uns radikal umstellen. Es geht um nicht mehr aber auch nicht weniger als um eine geistige Umpolung, die dieses „Weniger“ und „Mehr“ endlich auch als die längst notwendige sechste Regel der Gaia-Energie begreift.

„Weniger ist mehr!" flüstert die Erde uns ja schon seit geraumer Zeit zu. Nur wir kommen erst jetzt darauf, dass der kleinste Funke an Gaia-*power* für die Immunkraft des ganzen Systems wichtiger ist als die Unmengen von Energie, die wir ansonsten verschleudern.

DER BAUM DES LEBENS WÄCHST IN UNS ALLEN

Mobilisieren wir die sechste Regel auch in den kleinsten, alltäglichen Dingen, werden wir zu einer positiven holographischen Zelle des Körpers Erde. Aber auch in uns beginnen die Gaia-*vibes* zu fließen und die Chancen, dass die Erde den Menschen in ihren Regenerationsprozess miteinschließt, werden größer. Vor allem, wenn der Baum des Lebens weltweit zu blühen beginnt. Auf diesen haben wir nämlich eine ganze lange Epoche vergessen. Vielleicht erinnern wir uns deshalb auch daran, dass einstmals im Paradies zwei Bäume standen. Denn Gott, der Herr ließ

„... allerlei Bäume auf dem Erdboden hervorwachsen, die lieblich anzusehen waren und wohlschmeckende Früchte trugen, dazu auch den Baum des Lebens mitten im Garten und den Baum der Erkenntnis des Guten und Bösen."

Voller Hochachtung für die Doppelbödigkeit des Mythos erfährt man also gleich zu Beginn unserer Schöpfungsgeschichte, dass es nicht nur einen Baum der Erkenntnis sondern auch einen Baum des Lebens gibt. Zu diesem gilt es heute zurück zu kehren. Wir haben genug vom Baum der Erkenntnis gekostet. Es wird Zeit, sich endlich an die Früchte vom Baum des Lebens heranzumachen.

Im Grunde genommen, ist ja alles sehr einfach. Wenn uns in der Schule erzählt wird, dass wir Sauerstoff atmen, dann wird das irgendwo in unserem Gehirn als eine Frucht mehr vom Baum der Erkenntnis gespeichert.

Wenn wir gute Luft ganz bewusst zu genießen lernen, dann tun dies wir das als Ganzes. Dann tun dies Geist, Verstand, Gefühl und Körper. Dann essen wir vom Baum des Lebens und in einem solchen "Bewusstseinszustand" werden wir kaum auf die Idee kommen, die Luft zu verpesten und die Nahrung zu verderben.

Jeder tiefe und ruhige Atemzug beweist uns dabei, dass wir tatsächlich von Energie umgeben sind, dass wir Teil dieser Energie sind, aus dieser Energie bestehen, sie aufnehmen und abgeben.

Solcherart verbunden mit Gaia, können wir gar nicht mehr gegen die "Interessen der Erde" handeln. Wir handeln für sie, mit ihr. In diesem Augenblick übernehmen wir in der Tat planetarische Verantwortung! Wir sind selbst ein Blatt auf dem Baum des Lebens.

Nicht umsonst wird dieser ja oftmals mit der Kundalini-Energie, der Evolutionskraft, gleichgesetzt. Und ebenso nicht ohne Grund kann man die beiden Paradiesbäume, den Baum der Erkenntnis und den Baum des Lebens, auch mit dem sympathischen und dem parasympathischen Nervensystem in unserem Körper vergleichen. Grob gesprochen sind diese beiden für Ruhe und Aufregung, für unsere Innenwelt und unsere Beziehung zur Außenwelt zuständig.

Das Wechselspiel zwischen Ruhe und Aktivität und unsere eigene Innenwelt wurde uns aber ebenso wenig gegönnt wie Adam und Eva das Paradies Sobald wir es jedoch schaffen, wieder heil und ganz zu werden, auf der Skala der Lebendigkeit hinaufzusteigen und die höheren Chakren zu erreichen, könnte uns allen ein neues Paradies winken.

Dann sehen wir auch Gaia mit völlig anderen Augen. Auch James Lovelock tendiert heute dazu, Gaia nicht so sehr ausschließlich als "Göttin mit einem bestimmten Ziel" zu sehen, sondern als Baum. Für ihn bewegt sich dieser "König der Natur" zwar nicht von der Stelle, aber steht doch unaufhörlich im Austausch mit Sonne, Erde, Licht und Wasser.

EVOLUTIONS-SPIELE

Ein Baum-Leben

Unter Evolution versteht man normalerweise nur die rein biologische Evolution. Nun befinden wir uns mit diesen Evolutions-Spielen schon seit geraumer Zeit auf dem Gebiet des Geistes und des Bewusstseins.

Wie schnell wir dies auch in der Geschichte schafften, wie schnell magisches Bewusstsein vom mythologischen abgelöst wurde, um im abstrakten Denken zu landen, wird klar, wenn wir tatsächlich in einen Baum schlüpfen.

Machen Sie sich zur Abwechslung ganz einfach den Spaß und lassen Sie die Natur den Menschen betrachten! Ein wenig Erfahrung in Sachen Baum haben wir ja bereits. Heute geht es einen Schritt weiter und wir versuchen uns in solch ein Baum-Leben hinein zu fühlen.

Was denkt man sich wohl als eine große alte Eiche mit knorrigen Ästen, tiefen, weitverzweigten Wurzeln und ungezählten gelappten Blättern? Wie funktioniert eine wortlose Intelligenz, die genau weiß, wie weit man jedes Jahr wachsen darf oder wie viele Samenkapseln zu produzieren sind?

Wie eigenartig ist das Gefühl, sich im Wind zwar bewegen aber nicht davon laufen zu können?

Sobald Sie sich ein wenig in einen jener Bewohner der Erde hineingefühlt haben, die sie noch immer zum Paradies machen, stellen Sie sich vor, Sie wären ein heiliger Baum! Die Menschen bringen ihnen sogar im Mittelalter noch kleine Opfer, lehnen sich an Ihren Stamm, um von Ihnen Kraft und Energie zu bekommen. Sie genießen diese Verehrung und auch die Feste, die noch immer rund um Sie gefeiert werden. Plötzlich jedoch wird es unruhig. Um Sie als einen besonderen Kraftplatz wird eine kleine Stadt gebaut.

Nun liegt zu Ihren Füßen ein Marktplatz, auf dem sich Reisende treffen. Es ist das Jahr 1550 und zum ersten Mal wird ein Plakat an die Wand eines Hauses geheftet. Vor hundert Jahren hat Johannes Gutenberg seine Druckerpresse erfunden und nun schleicht sich mit dieser neuen Erfindung eine völlig andere Zeit ein. Die Kinder, die zu Ihren Füßen spielen, beklagen sich darüber, dass die Erwachsenen keine Geschichten mehr erzählen. Sie buchstabieren in irgendwelchen Büchern herum und berichten aus der großen Welt. Neben den Kindern unterhalten sich zwei Kaufleute ziemlich skeptisch über die neuesten Nachrichten. Bis jetzt waren ihnen die Verlautbarungen von Kaiser und Papst Aufregung genug. Jetzt sollen sie plötzlich wissen, was sich in den großen Handelsstädten tut.

Sensibel wie Sie als Baum für die Zukunft sind, ahnen Sie, dass sich die kleine Welt des Städtchens bald noch radikaler ändern wird. Alles wird schneller! Schon spüren Ihre Wurzeln immer mehr Kutschen vorbeidonnern und auch die Gespräche werden interessanter. Es sind zweihundert Jahre vergangen. Nicht so viel Zeit im Leben einer Eiche, aber ein weiter Sprung nach vorwärts in der Entwicklung des Menschen.

Das Lesen ist längst nicht mehr verdächtig, im Gegenteil: in der kleinen Universität des Städtchens frönen die Studenten tagtäglich dem, was einst nur die Kunst des Pfarrers war. Jetzt fallen unter Ihrer Baumkrone ununterbrochen neue Wörter: Mathematik, Astronomie, Physik, Chemie, Anatomie. Auch die Mode ändert sich in ein, zwei Jahren schneller als früher in zweihundert. Man geht nicht mehr so oft in die Kirche. Dafür streiten sich fanatische Wissenschaftler unter Ihren Zweigen genauso wie es vor der Reformation die Pfarrer taten. Ihre Gespräche sind ein Vorgeschmack auf die Zukunft. Die Zeiten werden immer aufregender. Eines Tages baut man an Ihnen vorbei eine Straßenbahn und Ihre inzwischen riesig gewordene Krone sieht längst nicht mehr nur auf den Marktplatz. Rund um das Städtchen sind Fabriken entstanden. Sie rüsten für den Krieg. Zuerst für den ersten, dann für den zweiten großen Weltkrieg. Diesem fallen Sie beinahe zum Opfer. Eine Bombe schlägt einen großen Krater und ein paar Ihrer Wurzeln werden dabei schwer beschädigt. Splitter reißen tiefe Wunden in den Stamm. Aber als Eiche geben Sie nicht auf. In ihrem Baumleben ist dies nur ein minutenschneller Zwischenfall. Sie schicken viele neue Wurzelspitzen aus, um sich neue Nährstoffe zu besorgen und sind neugierig darauf, was die neue Zeit bringen wird. Wie werden die Menschen auf das viele Elend reagieren? Wie wird das neue Jahrtausend ausschauen?

Intensivieren Sie dieses Zeitgefühl einer Eiche noch ein wenig: Mittelalter, das vergangene Jahrhundert, das neue Jahrtausend liegen nahe beisammen. Eben noch lagerten die Söldner des Dreißigjährigen Krieges unter Ihrem Schatten, eben noch marschierte Napoleons Armee an ihnen vorbei, eben noch explodierte die Weltkriegsbombe... Und schon bekommen Sie leichte Atembeschwerden. Nicht, weil Sie schon übermäßig alt sind, sondern weil etwas in der Luft liegt, das Ihnen nicht bekommt. Die Wurzeln tun sich schwer, denn da sind plötzlich Stoffe im Wasser, die es erschweren, die Mikrostoffe aus der Erde zu lösen. Schon lichtet sich ihr Blattwerk, Äste werden dürr... dabei sind doch seit diesem letzten großen Zwischenfall nur ein paar Minuten vergangen, die Wunden aus dem Krieg kaum vernarbt.....

Nun ja, nehmen wir an, ein Baum ist grundsätzlich optimistisch. Machen Sie es ihm nach und seien auch Sie optimistisch. Lassen Sie ein paar Jahre vergehen und atmen Sie tief durch. Dann erfreuen Sie sich am klaren Wasser, am gesunden Boden, am fast unglaublich blauen Himmel.....

WIR BRAUCHEN EINE REVOLUTION GEGEN DIE SELBSTZERSTÖRUNG

Sobald man ein wenig Übung in Sachen Gaia-Energie hat, sobald man den Kuss von Mutter Erde wirklich spürt, wird einem sofort auch die Kehrseite der Medaille klar: Wenn nämlich jedes *high*, jeder Höhepunkt dem Energie-Level in uns zu verdanken ist, so ist jeder Konflikt ganz einfach ein Mangel an Energie. Und manchmal noch schlimmer: Ein Zuviel an verzweifelt zusammengestohlener Minus-*power*!

Jedes psychische Tief, jeder Misserfolg, jede Krankheit, jeder Krieg und jede ökologische Schandtat bekommt dadurch einen völlig neuen Sinn. Wir sind dann nicht nur am Boden zerstört, erfolglos, krank oder aggressiv, weil es der Zufall so will oder weil wir böse sind - uns begegnen Konflikte immer dann, wenn wir an einem Energie-Leck leiden und unter die Null der Lebendigkeitsskala rutschen!

Machen Sie die Probe aufs Exempel. Stellen Sie sich in Höchstform vor: Voller guter Laune sprühend, voller phantastischer Ideen, körperlich fit und voller Freude auf einen schönen Abend mit guten Freunden. Würde Ihnen in solch einem Augenblick einfallen, zu jammern, würden Sie krank werden oder zu streiten beginnen?

Nein, natürlich nicht!

In einem Augenblick, in dem alles *okay* ist, in dem Bauch, Herz und Kopf im Einklang schwingen, stimmt auch alles andere. Automatisch scheint man die Dinge richtig zu machen und ebenso automatisch stellt sich Erfolg ein. Lebendigkeit zieht ganz einfach Lebendigkeit an. Viel zu selten aber halten wir inne und machen uns bewusst, dass Unlebendigkeit dieselbe Anziehungskraft hat. Dabei wissen wir auch dies insgeheim genau. Wer kennt nicht jene verflixten Momente, in denen alles schiefgeht? Wer ahnt nicht, dass nach einem seelischen Tief zumeist auch irgendeine Krankheit, irgendein Misserfolg im Beruf nachfolgt? Wer fühlt nicht, dass man immer dann zu streiten beginnt, wenn man sich selbst mies fühlt? Und dass uns einem in solchem Fall auch der beste Umweltschutz völlig schnuppe ist.

Plötzlich spüren wir überdeutlich die Wirkung jener fatalen Minus-*power*, die uns am Ende enttäuscht und ausgelaugt zurücklässt. "Minus-Eins", "Minus-Zwei", "Minus-Drei", "Minus-Vier": dumpf, pessimistisch, müde und energielos schleppen wir uns durch alle Stadien unter der Null. Zudem sind wir hilflos all jenen Energien ohne besonders hohe Schwingungen ausgeliefert, die uns immer mehr herunterziehen.

Schlechter Trost bei solch schwarzen Tagen: ganze Völker und große Unternehmen führen sich genauso dämlich wie jeder einzelne von uns auf. Krieg soll noch immer von inneren Schwächen von Staaten ablenken.

Auch völlig leblose Industrieunternehmen haben noch nie daran gedacht, dass die Dinge schnell aus der Bahn laufen, wenn man nur auf fette Bilanzen achtet.

Jedes wirkliche erfolgreiche Unternehmen braucht nämlich ebenso wie jeder erfolgreiche Staat genau das, was wir schleunigst auch uns selbst besorgen müssen: möglichst große Visionen von der Zukunft.

Vor allem aber das Wissen, dass Leben und Arbeiten sehr viel mehr bedeuten kann als Verdienen. Dazu noch ein tolles Betriebsklima und Mitarbeiter, die Probleme als Chancen ansehen und gleichzeitig stolz darauf sind, miteinander, füreinander und umweltbewusst zu handeln. Kommt dies alles zusammen und wächst ein Betrieb zudem noch organisch, dann wird *business* zum Erfolg, den man auch genießen kann.

Wo aber finden wir Chefs, die dies begreifen? Wo handeln wir selbst nach solchen Plus-*power*-Devisen? Noch immer opfern wir unsere idealistischen Vorstellungen viel zu schnell dem Alltag und darum wird dieser immer energieloser.

DIE GEN-TECHNOLOGIE ALS LETZTE LEBENDIGKEITS-FALLE

Wenn Konflikte tatsächlich nur ein Mangel an Energie und/ oder ein Zuviel an Minus-*power* sind, wenn Minus-*power* wiederum Minus-*power* bedingt, so brauchen wir nicht unbedingt weiterhin eine ziemlich kostspielige Konfliktforschung. Wir müssen es nur endlich schaffen, uns die Plus-*power* zu besorgen, die das ins Minus abgerutschte Energiepotential wieder über den Nullpunkt bringt.

Und dies sofort und überall!

Auf unseren Arbeitsplätzen ebenso wie in Politik und Wirtschaft. Vor allem aber in all jenen Bereichen, die unsere Gesundheit betreffen. Die Zeiten, in denen man uns erzählen konnte, biologische Landwirtschaft sei eine kostspielige Angelegenheit für einige wenige, sind heute endgültig vorbei.

Der Bio-Schock hat uns nur zu deutlich gezeigt, was uns Un-Lebendigkeit im Endeffekt kostet. Milliarden für die Quälerei von Tieren und deren Entsorgung. Für solche "Sümmchen" könnte ganz Europa sich gesund und umweltbewusst ernähren! Die Ironie aller Fehlplanungen aber geht weit über die Verluste hinaus. So vermuten heute Ernährungswissenschaftler, dass Naturvölker noch immer eine Nahrung zu sich nehmen, die viermal so viele Mineralien enthält wie die von zivilisierten Völkern. Von Lichtenergie, von gespeichertem Licht, das unsere Körperzellen zur Verständigung brauchen, noch gar nicht zu sprechen.

Obwohl uns die Biophotonen-Forschung heute beweist, dass wir uns alle nicht nur "esoterisch-symbolisch" sondern tatsächlich von umgewandeltem Licht ernähren, ist diese Photonen*power* in den meisten künstlichen Nahrungsmitteln überhaupt nicht enthalten. In den pseudo-natürlichen sinkt der Lichtgehalt drastisch, mit allen negativen Auswirkungen auf unseren Energiehaushalt.

Der vordergründigste Erfolg ist der, dass wir alle an Krankheiten leiden, die nicht notwendig wären. Über dem steigenden Durchschnittsalter vergessen wir nämlich die traurige Tatsache, dass heute eigentlich nur jeder hundertste Mensch an Altersschwäche stirbt. Niemand verlässt dieses Leben, weil seine Organe verbraucht sind und die dem Menschen mitgegebene Lebensenergie ihr natürliches Limit erreicht. Wir alle sterben an künstlichen Toden. An einem Krebs, der uns "auffrisst", an Gefäßleiden die uns "verstopfen" oder an irgendwelchen Eiweißen, die unser Gehirn schwammig werden lassen.

Solch bewusst unwissenschaftliche Begriffe verdeutlichen vielleicht am besten, dass wir uns selbst genauso behandeln wie Gaia.

Wir werden da wie dort zu unfreiwilligen Selbstmördern, die die Hilferufe der Natur gar nicht hören können, weil wir nicht die geringste Ahnung von jener Gaia-Energie haben, die uns erschafft und am Leben erhält.

Und schon wartet auf uns die vielleicht letzte und größte Lebendigkeitsfalle: Jene Gen-Technik, von der heute niemand zu sagen weiß, ob aus ihren Botschaften tollste Zukunftsmusik oder auch vielleicht der endgültige Abschiedsmarsch von diesem Planeten heraus zu hören ist. Denn es gibt keinen Lebensbereich, der von diesem ebenso faszinierenden wie zweifelhaften Fortschritt nicht betroffen ist. Die Heilung von Krankheiten steht ebenso auf dem Programm wie die Bekämpfung von Seuchen,

Babys aus der Retorte, ideale Nutztiere, Öko-Technologie - und *last not least* die beliebige Vervielfältigung mit Hilfe von Klonen.

Die menschliche, tierische oder pflanzliche Zelle mit einem DNS-Zentralcomputer, dessen Programm wir nach Notwendigkeit umprogrammieren können, verspricht ungeheure Chancen. Andererseits verweisen vor allem Gen-Techniker selbst darauf hin, dass ihre Wissenschaft die Welt gründlicher umkrempeln wird als alle anderen Erfindungen zuvor.

Schon vor Jahren stellte der österreichische Mediziner Erwin Chargaff, der selbst an der Enträtselung des genetischen Codes in Amerika maßgeblich beteiligt war, jene Kernfrage, die bis heute aktuell geblieben ist: dürfen wir in einer Welt, die uns nur geliehen ist, an der evolutionären Weisheit von Millionen Jahren herumbasteln?

Inzwischen ist das gottähnliche Treiben der neuen Wissenschaft munter weiter gegangen. Nirgendwo ist mehr sehr viel die Rede von der Biologie, der Lehre vom Leben. Dagegen von einer Technik, die die Zelle einer völlig mechanischen Wissenschaft ausliefert und dem Schaffen der Natur ein Ende bereitet. Allerorts waltet die wissenschaftliche Lust, Mensch und Tier zu verbessern und der Evolution gehörig auf die Sprünge zu helfen.

Wer diesem faustischen Treiben auch nur ein wenig interessiert zusieht, kommt schnell darauf, dass es gerade die Gen-Technologie ist, die den Knick in der Evolution vollendet. Anstatt endlich inne zu halten und herauszufinden, warum und wann mit dem Menschen etwas schief gelaufen ist, machen wir ganz einfach den Menschen selbst zum Experiment. Dabei kommen nur sehr wenige auf die Idee, dass sie zwar den DNS-Code entschlüsseln können, aber noch immer nicht wissen, warum unser genetisches Skript ziemlich unvollständig ist. Wie beim Gehirn nützen wir nämlich inzwischen nur einen Bruchteil unserer genetischen Fähigkeiten. Auch dies weist uns darauf hin, dass wir bis heute Kinder der Natur waren. Dass vor uns aber durchaus die aufregende Möglichkeit liegt, mit der Hilfe von Gaia erwachsen zu werden. Erst dann können wir nämlich die Möglichkeiten jener Plus-*power* nützen, die der geniale Meisterplan für die Entwicklung unseres Bewusstseins vorsieht.

Geschieht dies jedoch nicht, wird die Gen-Revolution Wirklichkeit, so kann es durchaus sein, dass wir weiterhin für unmündig erklärt werden: zu den bevormundeten Kindern einer Gesellschaft, die Menschen für ganz bestimmte Berufe züchtet, Tiere für pure Tierquälerei. Und Pflanzen dazu, dass man sie endlich völlig unbedenklich mit Gift überschütten kann, um sie vor Schädlingen zu "schützen".

Aber dies sind noch nicht die schlimmsten Zukunftsaussichten. Falls wir nämlich besonderes Pech haben, entfleuchen den Labors der "fortschrittlichsten" Gen-Techniker noch ein paar schnell mutierende Monster, die unbekannte Seuchen auslösen und dem Leben auf Gaia endgültig den Garaus machen.

Dass solches nicht unbedingt reine Schwarzmalerei notorischer Gen-Pessimisten sein muss, beweisen uns die Bio-Schocks der letzten Zeit. Sie alle haben uns auch erst zu Beginn des neuen Jahrtausends eingeholt.

Ein halbes Jahrhundert zuvor zogen die Helden der landwirtschaftlichen Revolution mit riesigen Maschinen und Unmengen von künstlichem Dünger ins Land hinaus und versprachen eine Welt ohne Hunger und Nahrung im Überfluss.

Den Erfolg kennen wir heute zur Genüge: kaputte Anbauflächen, kranke Tiere, kranke und vor allem auch desorientierte Menschen. Viel Schlimmeres droht heute von jener Wissenschaft, die in Hochsicherheitslabors am Leben herumspielt.

Zugegeben: inzwischen klingen deren Versprechungen noch verlockend. Nicht nur für gesunde und arbeitsfähige Menschen soll gesorgt werden - das Miniatur-Schöpfertum soll in Zukunft auch höchst grün und nachhaltig werden. Mikroben, die gefährliche Schadstoffe auffressen, könnten uns von schweren Umweltproblemen befreien. Bakterien, die Abfälle in Wärme und Elektrizität umwandeln, können Energie sparen.

EINE GEGEN-REVOLUTION ALS EINZIGE MÖGLICHKEIT

Die Erfolge dabei sind tatsächlich so beeindruckend, dass man eigentlich gegen die moderne Bio-Revolution kaum mehr ankämpfen kann. Und vielleicht sind Kampf und Verbote auch die falschen Strategien.

So brachte etwa Rupert Riedl schon vor Jahrzehnten alle "Für" und "Wieder" der gesamten Problematik auf einen Nenner, wenn er beklagt, dass ein Wesen, dass sich noch lange nicht selbst versteht, daran geht, sich zu verbessern.

Für ihn ist der einzige Weg aus dem Dilemma eine Gegen-Revolution, in der es um ein viel besseres Verständnis des menschlichen Denkens geht. Vielleicht die einzige Möglichkeit! Sie allein zeigt uns, warum wir *Gyges* für uns und die Erde nicht so toll denken wie wir dies eigentlich wollen. In der Erziehung, in der Landwirtschaft, in der Wissenschaft, in der Wirtschaft, in der Politik. Wir alle werden solange zu unfreiwilligen Selbstmördern solange wir nicht begreifen, dass alle Regeln der Gaia-Energie ihr lebensgefährliches Pendant haben: die noch immer viel zu wenig entlarvte Minus-*power*!

Die "Gegenwelt" eines Robotertums, das keinen Funken Lebendigkeit mehr anzieht, weil bekanntlich aus besten Energien schlechte werden, wenn sie gestohlen sind. Stehlen aber tun wir, wie wir wissen, mit Vorliebe deswegen, weil wir ununterbrochen Überflüssiges anstreben und schon deswegen nie an beste *vibes* heran kommen. Dies passiert nicht nur dann, wenn ein Kind Burgen baut und dabei gestört wird. Es wiederholt sich ebenso in den wissenschaftlichen Labors, wo die gestohlene Minus-*power* immer wieder neue Minus-*power* anzieht. So war bis heute ein Großteil unserer Genialität in diesem Bereich angesiedelt. Wir haben Atombomben geschaffen und andere "tolle" Erfindungen für den Krieg. Und das, was von dem Nachdenken fürs diverse Aufrüsten übrig blieb, fiel als Brotkrummen für die Wirtschaft ab.

Dieselbe Gefahr droht von der biologischen Forschung. Der Krieg als der Vater aller Dinge hat erst dann ausgespielt, wenn wir begreifen, dass Genialität auf der Plus-Skala sehr viel wirksamer und auch sehr viel vergnüglicher sein kann. Überall dort, wo Wissen und Erfahrung, Kopf und Bauch, Natur und Kultur zusammenarbeiten, entsteht jene Weisheit, die uns seit Jahrtausenden abhanden gekommen ist. Der Beweis dafür ist jene Gegen-Revolution des bewussten Arbeitens mit der Natur, die sich ja überall abzeichnet. In Gen-Banken, die Erbinformationen von aussterbenden Pflanzen speichern, in neuen und umweltfreundlichen Technologien für uns und die dritte und vierte Welt. In neuen Erkenntnissen in Sachen Waldsterben und Vordringen der Wüsten. Auch hier ist die Liste lang und beeindruckend. Wir sind gar nicht so machtlos, wie wir manchmal glauben. Vor allem auch dort, wo es um eine neue Sicht der Krankheit geht.

AUCH UNSERE KRANKHEITEN TEILEN WIR MIT GAIA

Nach den Vorstellungen der modernen Medizin sind gerade die gefährlichsten Krankheiten unserer Zeit gut gemeinte Warnungen, es nicht zu weit zu treiben. So wie die Verfechter der

Gaia-These vermuten, dass die Erde selbst über einen autonomen Regenerationsmechanismus verfügt, der Störungen im homöostatischen Gleichgewicht wieder ins Lot bringen könnte, so sehen alternative Mediziner die meisten Krankheiten als einen Hilferuf an. Die Natur in uns will uns dabei vor zu großem Stress warnen: vor der Uneinigkeit zwischen Denken, Gefühlen und Körper.

Wenn Patienten bekennen, " *Ich hatte Angst, mein Leben zu verändern, der Infarkt tat dies für mich!* " so klingt dies auf den ersten Blick befremdlich. Die erstaunliche Interpretation des Wesens einer Krankheit bekommt jedoch Schützenhilfe von der Wissenschaft.

Angst, Furcht, Einsamkeit und Stress schlagen sich nicht nur in der Psyche nieder, sagen heute die Forscher, sondern auch in den Gefäßen rund ums Herz.

Man mag zwar weiterhin an der Volksweisheit zweifeln, dass jemand an gebrochenem Herzen stirbt - Versuche beweisen indessen schlüssig, dass jene Teile des Gehirns, die für starke emotionale Erschütterungen zuständig sind, Herzkrankheiten auslösen.

Erstaunlicherweise ähneln ja sogar unsere Krankheiten jenem Typ, den wir uns in der Kindheit zulegten. In der alternativen Medizin teilt man nichts umsonst die Patienten in Herzinfarkt- oder Krebs-Typen ein. Ununterbrochenes Siegenmüssen führt dabei zu Gefäßkrankheiten. Krebs dagegen findet sich eher bei den scheuen, sich zurückziehenden Verlierern.

Gerade Krebs ist dabei eine Krankheit, die das Zusammenspiel von Krankheit und Gesundheit verdeutlicht. Als ein zeitweiliges Versagen des Immunsystems leiden wir wahrscheinlich alle einmal irgendwann unter Krebs. Allerdings gelingt es unserem Körper meistens völlig unbemerkt mit den bösartigen, für sich selbst aber wiederum nur verzweifelt ums Überleben kämpfenden Zellen fertig zu werden.

Genau dies aber bedeutet, dass die Fähigkeiten des Körper-Geist-Systems noch lange nicht ausgelotet sind. Wir müssen schleunigst begreifen, dass es höchste Zeit ist, an die besten Energien heranzukommen.

So jung, dynamisch erfolgreich und vordergründig *happy* wir nämlich heute sein mögen: Irgendwann haben wir als kindlich gebliebene Verlierer-Typen so viel in uns hineingefressen, dass der Karren nicht nur körperlich sondern auch gefühlsmäßig völlig verfahren ist. Oder wir haben als Sieger-Typen so viel Lebensenergie nach außen verströmt, dass uns quasi die Luft ausgeht. In beiden Fällen aber bleibt eines gleich: immer wieder bringen wir den gesunden Rhythmus unseres Körpers ebenso durcheinander, wie wir dies mit dem Rhythmus der Erde tun. Und das, weil in unseren Köpfen ununterbrochen Minus-*power*-Gedanken am Werk sind.

WAS HINDERT UNS DARAN, UNS TÄGLICH NEU IN DIE WELT ZU VERLIEBEN?

Jede Krankheit beginnt im Kopf, meinen die heutigen Anhänger der ganzheitlichen Medizin. Der Vater der modernen Medizin, Hippokrates, sprach schon vor 2500 Jahren, in Zeiten, die noch *weise* im Sinne dieses Wortes waren, vom Gleichgewicht der inneren Säfte und dem Gleichgewicht mit den Kräften der Natur.

Heute haben wir die Reichweite dieses Spruches noch immer nicht ganz ausgelotet, obwohl jeder die Tatsache, dass eine Krankheit die Folge von Energiemangel ist, an sich selbst beobachten kann. Niemand wird krank, wenn er ein großes Projekt fertig bringen will. Auch dies hat sehr viel mit unserem Gehirn zu tun.

Das Immunsystem des Körpers ist aufs engste mit ihm verbunden. Nicht nur deswegen, weil ununterbrochen unterirdische Botschaften zwischen Körper und Denk-Apparat hin und herlaufen, sondern weil es auch in den grauen Zellen eine Art Immunsystem, eine Art Selbstverteidigungs-System gibt. Über die Morphium ähnlichen Endorphine stimuliert es unseren Körper.

Gleichzeitig wirken Neurotransmitter als eine Art Schlüssel zwischen den Neuronen: sie überbringen Botschaften, die anregen oder auch hemmen können.

Wird das Gehirn also quasi beflügelt, wird es auch leicht mit Krankheiten fertig. Wird es jedoch gestört, verfällt es in einen unregelmäßigen, kranken Rhythmus.

Dieser gestörte Rhythmus erinnert sofort an jenen Knick in der Evolution, der zumeist schon in den Sandkästen passiert. Er führt aber auch in eine ziemlich hoffnungsvolle Zukunft.

Gehirnforscher vermuten nämlich, dass 90 Prozent der Kapazität unseres Gehirns deswegen noch ungenützt sind, weil unzureichende Mengen von Neurotransmittern produziert werden und das Gehirn deswegen falsch schwingt. Freude, Licht und Energie fehlen uns also überall!

Gleichzeitig weiß das innere Kind sehr genau von jenen Zeiten zu berichten, in denen wir all das hatten.

Schließen Sie nur einmal Ihre Augen und werden Sie noch einmal wunderschöne vierzehn oder fünfzehn!

Vielleicht werden Sie dabei nicht mehr ganz so rot wie in alten Zeiten - trotzdem wird sich in Windeseile ein völlig anderes Gefühl in Ihrem Körper ausbreiten.

Spüren Sie die Empfindungen von damals. Erinnern Sie sich an die ersten Küsse! Hören Sie einen alten "*song*". Wenn Ihnen

Ihr inneres Kind dann erzählt, dass dieses total aufregende Gefühl des Verliebt seins in die Welt eigentlich ununterbrochen für uns vorgesehen wäre, dann glauben Sie ihm auch! Versuchen Sie zumindest ein paar Minuten diese höhere Frequenz in ihrem Körper zu speichern. Und überlegen Sie sich dabei, wie die Welt, wie Sie, Ihre Beziehungen, wie aber auch Gaia aussehen könnte, wenn mehr Menschen an solche höhere Frequenzen der Freude herankommen.

Wenn der Mangel an Energie uns nicht von einem Konflikt in einen anderen, von einer Minus-*power*- Situation in die andere befördern würde? Denn sehr viel anders sieht die total triste Situation der Menschheit nicht aus. Wir kämpfen und kämpfen uns durchs Leben - und kaum jemand schafft es, zurückzutreten und zu sagen: "*Das kann doch nicht alles sein!*"

Als Jugendliche haben wir dies sehr wohl gekonnt. Wir haben auf die Welt der Erwachsenen geschaut und genau gewusst, dass wir eigentlich eine völlig andere Welt wollen.

Haben wir dies nur vergessen? Oder gab es auch damals in der Pubertät, als uns der Himmel offen stand, noch einen Knick in unserer Entwicklung?

Aktivieren Sie noch einmal Ihr inneres Kind, lassen Sie es lange zurückschauen, und es wird Ihnen auch diese Frage beantworten. Ganz sicherlich erzählt es Ihnen, dass damals zwar eine Zeit aller Möglichkeiten war, dass diese aber schnell zu Ende gingen.

Tatsächlich wird der Bruch zwischen Natur und Kultur, der jede Kindheit begleitet, erst am Ende der Pubertät so richtig besiegelt.

Eine große Rolle dabei spielt das Unbewusste, das ja nichts anderes ist als die in unseren Zellen gespeicherte Erinnerung. Als Kind verpacken wir unseren Widerstand gegen die zu frühen Anforderungen in diese Art körperliche Truhe.

Wenn wir dann als Jugendliche an das abstrakte Denken herangehen, kommt alles hinein was nicht in das uns beigebrachte Weltbild passt. Denn nun ist die Lehrzeit der Kindheit abgeschlossen. Das, was wir nicht erlernen durften, was schmerzhaft oder irritierend war, wird weggesperrt. Darum haben wir auch als Erwachsene manchmal noch das Gefühl, in alten Empfindungen und Gefühlen einfach steckengeblieben zu sein.

Irgendwo geistert nämlich noch immer ein sehr lebhaftes inneres Kind herum. Es weiß nicht nur von versteckten Gefühlen, sondern auch von all dem, was wir hätten sein können. Diese Vorstellungen können wir mit den Sinnesübungen, mit den Evolutions-Spielen und den Einübungen in das innere Universum wiedererwecken!

Und so ist es das Kind in uns, das die Welt neu zu schmecken, zu tasten, zu hören und zu fühlen erlernt! Es begreift, wie wichtig jede Entwicklungsstufe ist. Vor allem jedoch, dass es tief in uns ein Universum gibt, das hell, offen und neugierig sein darf!

EVOLUTIONS-SPIELE

Die Stille hören

Erst heute kommt man langsam darauf, dass es die Überflutung unserer Sinne ist, die uns zu oft schlafwandlerisch und unlebendig durchs Leben stapfen lässt.

Eine der ärgsten Krankmacher überhaupt ist eine laute und stressige Umwelt. Sie schädigt nicht nur unsere Ohren, sondern über dieses wichtige Sinnesorgan hinaus vor allem auch unser Gefühlsleben und Denken. So haben etwa Versuche mit Pflanzen bewiesen, dass diese bei unharmonischer Musik verkümmern. Harmonische Musik dagegen, indische Sita-Musik etwa, aber auch Bach und Mozart stiften Pflanzen zu wahren Wachstums-Orgien an. Dies macht man sich heute sowohl bei der Klangtherapie für Mensch als auch für Pflanzen zunutze. Über den heilenden Effekt von Klängen hinaus, lernt aber gerade eine Feinabstimmung der Sinne, jenen Situationen zu entfliehen, die uns mit Sinnesreizen eigentlich überfordern.

So verstehen wir unter hören eigentlich immer nur zwei Extremsituationen: wir ärgern uns über Lärm oder genießen Musik. Dass Hören um einiges mehr bedeutet, bemerkt man vielleicht dann, wenn man sich nach der Einübung in alle anderen Sinnesorgane auch ins Reich unserer Ohren aufmacht.

Versuchen Sie dazu einmal etwas, was sich zuerst völlig verrückt anhört: Hören Sie die Stille!

Wenn Sie in nächster Zeit am Morgen aufwachen und das Glück haben, dass alles um Sie noch ruhig ist, horchen Sie in die Ruhe hinein. Versuchen Sie ganz einfach Stille zu hören und fühlen Sie, was dies in ihnen bewirkt.

Wenn es dann rund um Sie lauter wird, hören Sie auf jedes andere Geräusch. Ärgern Sie sich ausnahmsweise nicht über den Lärm von Bussen, Lastwagen oder Straßenbahnen. Lassen Sie sich von Schrillen des Weckers nicht stören!

Horchen Sie nur genau hin und versuchen Sie, die gesamte Geräuschkulisse zu enträtseln.

Am Wochenende, wenn Sie mehr Zeit haben, können Sie das Hören noch ein wenig mehr üben.

Stellen Sie sich dazu einen Wecker vor, auf dem Sie die Intensität des Hörens einstellen können. Den Zeiger platzieren Sie zuerst auf die halbe Stunde, die Sechs. Gleichzeitig schalten Sie ein ganz bestimmtes Geräusch, das Sie zuvor ausgesucht haben, ganz einfach aus.

Erst wenn der Zeiger in Richtung der Zwölf, der ganzen Stunde läuft, beginnen Sie langsam Ihre Ohren aufzusperren.

Das ausgewählte Geräusch wird langsam lauter und lauter und sobald es bei der Zwölf angelangt ist, können Sie es in voller Lautstärke hören.

Die Zwölf bedeutet also volle Lautstärke, die Neun mittlere und die Sechs lässt das Geräusch beinahe verstummen. In Ihrer Imagination fahren Sie nun zwischen diesen Lautstärken einfach nach Lust und Laune umher und lernen dabei die Kapazität Ihrer Ohren genau auf das abzustimmen, was gerade notwendig ist.

Mit einiger Übung erkennen Sie dadurch im Alltag sehr bald auch den Unterschied zwischen den Stimmen der Menschen. Sie werden herausfinden, dass gewisse Tonhöhen Sie positiv, andere wiederum negativ beeinflussen. Vor allem aber werden Sie bald draufkommen, dass auch Sie nicht immer dieselbe Stimme haben.

Gerade aber unsere Stimme verbindet Körper, Gefühl und abstraktes Denken. Die Sprache wird zwar als Werkzeug des Gehirns angesehen, aber lange bevor wir logisch denken lernen, stellt die Muskulatur und die Art und Weise, wie der Körper die Muskeln bewegt, die Grundvoraussetzungen für unsere Art, uns zu artikulieren dar.

Dass das Gefühlsdenken ebenso an unserer Sprache beteiligt ist, bemerken wir, wenn wir unserer Sprache zuhören, sobald wir ärgerlich, traurig oder aufgeregt sind.

Unsere Gefühle aber wirken sich nicht nur auf die Sprache aus, mit der Sprache können wir umgekehrt auch unsere Gefühle beeinflussen. Kontrollieren Sie nur einmal die Lautstärke und den Ausdruck genauer: nehmen Sie Ihre normale Stimme auf ein Tonband auf - und dann jene Tonart, die Ihrer Idealvorstellung entspricht.

Wenn Sie dabei auch noch ein wenig in Ihren Körper hineinhorchen, werden Sie entdecken, wie viel Spaß eine ausgeglichene Stimme auch diesem macht.

Den Auswirkungen von Tönen und Tonhöhen kommen Sie auch auf die Spur, wenn Sie das nächste Mal Musik ganz bewusst hören. Legen Sie sich dabei hin, entspannen Sie sich und lassen Sie Ihre Lieblingsmelodie ganz einfach durch den Körper fließen. Hören Sie Musik nicht nur, empfinden Sie sie, tasten Sie sie ab, stellen Sie sich Töne als Farben vor. Werden Sie ganz zur Musik! Dort aber, wo Töne krankmachen, denken Sie an den Wecker und schalten ganz einfach ab!

EROS UND SEHR VIEL MEHR

Der Knick auf der Skala der Evolution scheint es in sich zu haben. Er desillusioniert uns gnadenlos. Zuerst sagt er uns, dass wir eigentlich wie Roboter nach ganz bestimmten Typen handeln. Dann wird da plötzlich ein tiefes Loch sichtbar. Wir kommen darauf, dass unsere Persönlichkeit großteils auf dem "Nichts" aufgebaut ist. Zuallerletzt schlüpfen in dieses "Nichts" noch genau jene Parasiten, die wir ein ganzes Leben lang leugnen: Angst und Abwehr.

Und wenn wir ehrlich sind, entpuppen sich unser Lusthunger und viele unserer Träume noch als Zerstörungsprogramme ganz besonderer Art.

Die Situation ist also paradoxer als man sich dies vorstellt. Auf der einen Seite Gaia und eine phantastische Energie, die große Pläne mit uns vorhat. Auf der anderen Seite eine Menschheit, die sich und die Umwelt kaputt macht. Erinnert man sich dann noch daran, dass Gaia gemeinsam mit "Eros", dem zeugenden Geist der Liebe geschaffen wurde, wird die Geschichte noch verfahrener.

Die Lösung für das ganze Schlamassel wiederum ist so einfach, dass das innere Kind sie uns schon zuflüsterte, als wir in Jugendzeiten schwelgten: Wir müssen ganz einfach mehr lieben! Das Schlimmste an dem Bruch zwischen Natur und Kultur sind ja nicht unsere verwundeten Gefühle, nicht einmal eine zutiefst verwundete Erde. Das Schlimmste daran ist, dass überall das schönste Gefühl der Welt verloren geht. Denn was immer Liebe auch sein mag: zuerst einmal ist sie Offenheit und jenes Gefühl ohne Grenzen zu sein, das wir alle so sehr daran lieben!

Eine solche erotische Sicht der Welt aber bringt uns nicht die größte aller Lieben bei. Sie entsteht aus der Weltsicht, die wir lange zuvor erlernen.

Nicht ohne Grund war etwa die Pubertät schon immer mit bestimmten Einweihungsriten umgeben. Zu diesem Zeitpunkt lernen wir die Sexualität kennen. Und Eros, der Gott der Götter ist es auch, der das Denken des Menschen krönen soll.

Nach den Empfindungen des Körpers, dem Erlernen von Gefühlen und der abstrakten Logik bildet die Erotik nicht ohne Grund den Abschluss der für uns vorgesehenen Weisheitsschule. Schließlich ist Sex nicht nur die Verwirklichung der "Libido", der Antriebskraft, die in allem wohnt.

Dazu gesellen sich die erotischen Vorstellungen, die wir als Jugendliche kennenlernen. Vor allem jedoch die Reaktion der Umwelt auf unser sexuelles Erwachen.

Alles zusammen führt dazu, dass wir uns mit Siebzehn zumeist auch unsere Freunde, unseren zukünftigen Beruf und unsere Vorstellungen vom Leben aussuchen.

Der Verband der Neuronen in unserem Gehirn hat sich also ein letztes, allumfassendes Muster aufgebaut: eine Art sozio-sexuellen Schaltkreis, der über sehr viel mehr als über Sex bestimmt und wieder einmal nur so gut wie die vorher gehenden Muster ist. Denn schon als Kinder schwingen wir uns auf eine mehr oder weniger erotische Sicht der Welt ein.

Wie sehr, entdecken wir, wenn wir erotische Finessen einmal außer Acht lassen. Wenn wir bloß überlegen, wie wir und die Menschen in unserer Umgebung sich bewegen und mit der Umwelt kommunizieren würden, wenn Eros eine ganz natürliche Mitgift wäre! Wenn der Gott der Götter dabei wäre wenn wir lustvoll in einen Apfel beißen, liebevoll ein Essen zubereiten oder einen genussvollen Spaziergang machen.

LEBENDIGKEITSFAKTOR UND TYP BESTIMMEN DIE PARTNERWAHL

Erotik ist also sehr viel mehr als eine Sammlung psychischer und physiologischer Tricks und Techniken. Und diesen Zustand des rundherum Verliebt seins lernen wir sehr schnell, wenn wir bei jeder Gaia-Meditation darauf kommen, dass alle Möglichkeiten der Liebe zuerst einmal ausschließlich in uns selbst ruhen. Überall wirkt der Lebendigkeitsfaktor!

Darum treffen jene Regeln der Gaia-*vibes*, nach denen Lebendigkeit Lebendigkeit und Energie-Lecks weitere Missgeschicke anziehen, auch auf unsere Sexualität und unsere Partner zu. Ist unser Magnetismus hoch und ausgeglichen, begegnen wir Menschen, deren Energie-*level* dem unseren entspricht. Fühlen wir uns dagegen energielos, arm und bemitleidenswert ziehen wir genau jene Partner an, die sich auf solche Energien einschwingen.

Unser ganz spezieller Typ spielt also auch bei der Partnerwahl eine noch immer nicht durchschaute Rolle spielt. Tyrannen und Besserwisser lassen sich mit Vorliebe von Verlierertypen ergänzen. Umgekehrt suchen sich diese Typen, die sie beherrschen.

Die ersehnte große Liebe bleibt dabei solange auf der Strecke, solange wir nicht unsere eigenen Energien überprüfen. Ein wirkliches " *happy end*" passiert nämlich nur zwischen gleichberechtigten Partnern. Um jedoch rundherum gleichberechtigt zu werden, müssen wir uns sowohl als Mann als auch als Frau zuerst einmal alle jene Energien zurückholen, die uns als Kind mit dem besten Gewissen verwehrt wurden: die Verbundenheit mit der Welt, Begeisterungsfähigkeit, Einfühlsamkeit und Kreativität.

Nicht nur bei Nahrungsmitteln und Freizeitvergnügen geht es also um höchste Gaia-*vibes*. Längst ist es auch an der Zeit, jene alles verbindende Erotik zurückzufordern, die einstmals mit Gaia auf die Welt kam.

EVOLUTIONS-SPIELE

Die Kunst des Liebens

Eigentlich lässt sich alles auf einen ziemlich einfachen Nenner bringen: wir sind nicht so gesund wie möglich, so glücklich und intelligent wie möglich, weil wir uns zu wenig geliebt fühlen.

Wie aber fühlt man sich geliebt? Vor allem dann, wenn im Augenblick vielleicht nicht einmal jemand da ist, der einem das Gefühl der Liebe geben könnte? Die Antwort darauf ist einfacher als man glaubt: indem man Liebe und Erotik zur Abwechslung halber einmal in die eigene Hand nimmt.

Schon das "Sensitive Training" hat uns gezeigt, wie aus Liebe und Dankbarkeit eine Menge höchst angenehmer Gefühle entstehen können; wie wir daraus pure Leidenschaft, aber auch Lebendigkeit, Entspannung, Lust und Sicherheit schaffen können. Auch die Anziehungskräfte von Lebendigkeit und Unlebendigkeit beweisen uns, dass alles solange trefflich funktioniert, solange wir nur leidenschaftlich genug sind. Schief zu laufen beginnen die Dinge erst dann, wenn falsches Denken ins Spiel kommt. So war es nicht nur in der Geschichte, wo die Leidenschaft der Menschen von einer strengen Herrschaft abgelöst wurde - so handeln wir immer wieder. Unsere Logik „ver-regelt" mit Vorliebe die Leidenschaftlichkeit des Körpers, ohne jemals daran zu denken, dass erst beide zusammen Ekstase ermöglichen. Denn auch die Kunst des

Liebens entsteht zuerst einmal aus nichts anderem als aus Offenheit und Zielgerichtetheit.

Darum wollen wir das vergnügliche Spiel, das Eros als Gott der Götter überall und jederzeit spielt, zum Abschluss in einer ganz speziellen Gaia-Mediations-Woche üben.

Vielleicht nehmen Sie sich dafür sieben Tage lang sowohl am Abend als auch am Morgen eine Viertelstunde Zeit. Falls Ihnen dies als zu viel Zeitaufwand vorkommt, denken Sie daran, dass es eine Investition sein könnte, die sich in kürzester Zeit vertausendfachen kann.

1. Abend

Beginnen Sie deshalb am ersten Abend damit, all das zu wiederholen, was Sie bereits können. Stellen Sie sich die winzige Gaia-Kugel in Ihrer Mitte vor.

Schwingen Sie sich auf deren beruhigenden Rhythmus ein. Dann lassen Sie die weißblaue Kugel so lange anwachsen, bis Sie von der Kugel eingehüllt sind.

Schweben Sie in der Mitte dieser Kugel und lassen Sie Gaia-vibes einfach zu!

Nach einiger Zeit beginnen Sie damit, sich die Kugel noch ein wenig bildhafter vorzustellen. Sie ist nicht mehr nur ein Ding Ihrer Einbildung, sie ist tatsächliche Gaia-Energie, eine Sphäre der Empfindungen, die Ihnen alle Liebe dieser Welt schenkt.

In den geheimen Traditionen des Buddhismus wird man selbst ein wenig zum Buddha, indem man sich die Buddha-Energie um sich vorstellt.

Mit demselben Trick kommen sie auch zur besten Gaia-Energie! Spüren Sie deshalb den Kuss von Mutter Erde in der nächsten Zeit so intensiv wie möglich. Solange bis die Gaia-Sphäre rund um Sie zu einer spürbaren und erfahrbaren Tatsache wird.

Am ersten Abend aber üben Sie sich nur im "Zulassen"! Schlafen Sie mit dem Gefühl ein, dass Gaia-Energie in der Form purer Liebe in Sie einströmt.

Am Morgen danach intensivieren Sie das Gefühl von Hingabe und Empfängnis, das wahre Liebe erst möglich macht, eine genussvolle Viertelstunde bevor Sie es in den Alltag mitnehmen.

2. Abend

Am zweiten Abend wissen Sie bereits, wie sehr sogar die Kunst des Liebens von uns selbst abhängt. Beginnen Sie nun damit, diese Kunst auf einen sicheren Sockel zu stellen! Denken Sie zurück an unser erstes "Sensitive Training", bei dem Sie gelernt haben, den Körper völlig leer, glasklar und rein wie einen Bergsee zu machen! Fühlen Sie noch einmal diese Leere in Ihren Zehen und Füßen, in den Beinen, im Bauch, der Brust und dem Kopf! Tun Sie dies langsam und stellen Sie sich zum Schluss Ihren reinen Körper als das passende Gefäß für all das Licht vor, das Sie sich im Anschluss daran aus Ihrem Energieballon besorgen wollen.

Denn genau um das geht es: Wenn wir mehr Liebe wollen, wollen wir in Wirklichkeit mehr Licht, mehr Energie! Als Kenner der Gaia-Regeln besorgen wir uns diese aber am besten vorerst einmal selbst! Wir wissen ja, dass nur wirklich magnetische Menschen ihren Magnetismus auch zurückbekommen. Aber noch immer weiß niemand so recht, wie er zu jener Anziehungskraft kommt, die die wenigen wirklich charismatischen Menschen auszeichnet.

Auch ihr Geheimnis hat uns die Gaia-Energie enthüllt: Überflüssiges wegzulassen ist der Beginn jeder Stärke. Und genau genommen ist es auch das Geheimnis jeder Evolution. Wir entwickeln uns nur dann weiter, wenn wir alte Schlacken auflösen und Neues zulassen.

Genauso hat Gaia schon immer gehandelt. Und wir machen es ihr nach, wenn wir uns am zweiten Abend in völliger Leere üben. Lassen Sie sich dabei auch weiterhin von der Gaia-Kugel einhüllen. Legen Sie Ihr Hauptaugenmerk diesmal jedoch nur auf die Leere. Am Morgen des zweiten Tages erinnern Sie sich dann daran, dass Sie mit dieser Übung etwas tun, wozu man bis heute eigentlich immer auf den Knien gelegen ist.

Sie haben Jahrtausende ungeschehen gemacht und sich nicht von irgendeinem Gott, Ihre Sünden vergeben lassen. So vergnüglich wie möglich haben Sie Ihre zelluläre Vergangenheit ganz einfach selbst auf Hochglanz gebracht. Abschließend aber stellen Sie sich vor, wie die Leere in Ihrem Körper ausgefüllt wird von bester Gaia-Energie, die Sie liebevoll, energiegeladen und phantasievoll macht. Und genau dieses Gefühl versuchen Sie solange wie möglich auch während des Tages aufrecht zu erhalten.

3. Abend

Wie weit sind Sie mit Ihrer Weigerung, Unlebendiges zu tun inzwischen gekommen? Macht es Ihnen zunehmend Spaß auf der Skala der Lebendigkeit immer weiter nach oben zu gelangen? Festzustellen, wann und wo ihr Körper hundertprozentig okay, Ihre Gefühle wirklich happy und auch ihr Denken glasklar ist?

Der dritte Abend innerhalb der siebentägigen Gaia-Meditation wird Ihnen dabei ein großes Stück weiter helfen! Nach der üblichen Gaia-Einschwingung erinnern Sie sich nämlich so gut wie möglich an die verschiedensten Einübungen in die Sinne. Gerade diese haben uns ja bewiesen, wie genussvoll und durch und durch erotisch für uns vorgedacht wurde. Sehen Sie sich deshalb heute einmal ganz genau an, wo Sie sich im Laufe des Tages geweigert haben, Ihre Sinne falsch zu gebrauchen.

Zuerst aber genießen Sie wieder einmal so lange wie Sie Spaß daran haben, die Energien der Gaia-Kugel: am Beginn unter dem Stichwort

"Zulassen", dann lassen Sie alles Überflüssige weg und werden Sie wieder einmal völlig leer! Aus dieser Leere heraus stellen Sie sich vor, wie neuerlich Liebe in Sie hineinfließt. Lassen Sie sich von dieser Liebe umhüllen, ausfüllen und einwickeln. Zum Schluss aber schauen Sie auf den vergangenen Tag zurück und stellen Sie sich ganz genau vor, was Ihrem Geschmackssinn wehgetan hat, was Ihrer Nase absolut nicht gefallen hat, was Ihren Tastsinn beleidigt hat. Und was an Unlebendigem mit Ihren Augen und Ohren passiert ist.

Während Sie sicher in Ihrem Gaia-Ballon schweben, können Sie sich nämlich ruhig eingestehen, wann Sie sich auch für Ihre Sinnesorgane zu wenig geweigert haben, Unlebendiges zu tun. Bevor Sie dann aber einschlafen, wandeln Sie diese Gefühl der Unlebendigkeit wieder um in ein Gefühl der Liebe: lassen Sie Liebe ganz einfach in Ihre Haut, in Nase, Augen und Ohren und in Ihren Gaumen einziehen. Spüren, riechen, sehen, hören und schmecken Sie Liebe!

Vielleicht schaffen Sie es sogar, mit diesem Gefühl am nächsten Morgen aufzuwachen. Dann speichern Sie es ganz einfach in Ihrem Körper ab und lassen auch in den nächsten Stunden so wenig Unlebendiges wie möglich ran.

4.Abend

Am vierten Tag vollenden Sie das Spiel mit Ihren Sinnesorganen! Zuerst aber denken Sie daran, wie aus dem "Weglassen" und dem "Zulassen" tatsächlich jenes Paradoxon des "Weniger ist Mehr" entsteht, das in Sachen Gaia-power zur sechsten Regel wird. Dann aber verfestigen Sie dieses "Weniger" und das "Mehr".

Stellen Sie sich vor, die Gaia-Kugel rund um Sie würde jedem einzelnen Sinn nicht eine Vielzahl von Erfahrungen, sondern ein einziges hundertprozentiges erotisches Gefühl verleihen.

Auf dem Plan steht also keine Erotik für unsere Genitalien, sondern Erotik für unsere Sinne, genauer genommen für unseren Gesichtssinn!

Versuchen Sie dabei etwas, was die wenigsten Menschen können, nämlich Ihr Gesicht zu spüren. Fühlen Sie wie Ihr Mund und Ihre Kieferpartie weich, hingabevoll und hundertprozentig erotisch werden. Dann gehen Sie hinauf zu Ihren Wangen, zu Ihrer Nase, zu Ihren Augen und Ohren. Fühlen Sie Liebe und Lust in jedem Teil Ihres Gesichts und tun Sie dies im Zeitlupentempo. Wahre Lust will bekanntlich Ewigkeit. Um den Eros auch in unser Gesicht zu bringen, braucht es Zeit und eine sehr genaue Vorstellungskraft. Allerdings helfen ein paar Kunstgriffe: Stellen Sie sich ganz einfach vor, die Gaia-Kugel wäre der kostbarste Parfum-Flakon der Welt und Sie würden den phantastischsten Geruche daraus inhalieren. Genießen Sie diesen Duft solange wie möglich. Vor allem jedoch machen Sie sich klar, dass unsere Nasenflügel ebenso zur Wonne fähig sind wie unser ganzer Körper. Dann wagen Sie den nächsten Schritt: Lassen Sie Ihr Gesicht ganz einfach so ausgiebig wie möglich von den Liebesbotschaften des Energieballs streicheln. Nach dem Tastsinn befriedigen sie Ihren Gaumen: Aus der Energiekugel fließt der köstlichste und klarste Nektar auf Ihre Zunge und Sie kosten diesen und lassen auch dieses Kosten völlig erotisch auf der Zunge zerfließen.

Hören Sie dann die schönste Musik des Universums, lassen Sie Sphärenmusik zuerst Ihre Ohren umschmeicheln und dann in den ganzen Körper eindringen. Zum Schluss verwöhnen Sie auch Ihre Augen: lassen Sie sie weich, locker, leer und hingabebereit werden! Und dann fühlen Sie, wie aus der Gaia-Kugel die herrlichste Lichtenergie in Ihre Augen strömt.

Dieses Licht-Spiel mit Ihren Sinnen können Sie nicht nur am nächsten Morgen weiterüben. Es macht auch dann Spaß, wenn Sie zwischendurch einmal fünf Minuten die Augen schließen und sich kurz regenerieren wollen.

5. Abend

Sobald auch Ihre Sinne das Paradoxon des "Weniger ist Mehr!" erfühlt haben, spüren und fühlen Sie auch so richtig, warum wir nach der zweiten Regel der Gaia-Energie ununterbrochen fremde Energie stehlen. Wir haben tatsächlich nie gelernt, beste Gaia-Energie zu gewinnen. Die erste Voraussetzung dieses Planeten, die Tatsache, dass jeder Organismus Energie aufnimmt, verarbeitet und wieder abgibt, wurde uns immer wieder verwehrt.

Machen Sie sich deswegen am fünften Abend nach der üblichen Einschwingung in die Kugel vor allem eines klar: Innerhalb Ihrer Gaia-Kugel funktioniert dieses dreifache Gesetz hundertprozentig! Dort können Sie endlich die Energie speichern, die Sie benötigen! Sie brauchen keine Verhaltensmaßnahmen, Ihr Körper beginnt sich von selbst zu entspannen! Ihre Konzentration richtet sich ganz von allein auf den Energieaustausch des Liebens und Geliebtwerdens ein.

Wie durch ein Wunder schafft es die Kugel, alle die Möglichkeiten zu verwirklichen, die Gaia für uns vorgesehen hätte. Darum machen Sie am fünften Tag eine kleine Pause. Tun Sie mal gar nichts. Genießen Sie nur die Liebe rund um Sie. Je intensiver Ihnen nämlich die Möglichkeiten einer solch energetischen Sphäre bewusst werden, umso weniger werden Sie Lust auf fremde und schlechtere Energien haben.

Am Morgen danach erinnern Sie sich an diese Vollkommenheit, erwecken Sie sie zumindest für eine Viertelstunde zu neuem Leben. Und dann nehmen Sie Ihren Gaia-Ball einfach mit hinaus ins Leben!

6. Abend

Der sechste Abend gehört Ihrem sexten Sinn. Genau genommen haben Sie sich mit all den Einübungen in die Sinne ja einen neuen, einen zutiefst erotischen Sinn erworben. So wie das Gefühl echter Erotik das Denken des Menschen krönen könnte, so geben wir nämlich unseren Sinnen all ihren Spaß zurück, wenn wir auch sie erotisieren.

Alles, was wir genussvoll, langsam und beinahe behutsam tun, ist nicht mehr nur "Tun"! Es ist "Sein"! Jenes wirkliche "Sein", das uns aus einem langen Schlaf aufwachen und uns das Robotertum aus den

Augen reiben lässt. Aber nicht nur unsere Augen werden plötzlich klar und hell, auch unsere Nase, unsere Geschmacks-und Tastnerven können so sensibel werden, wie es für sie vorgesehen ist.

Zu alledem verbindet uns ein solcher allesumfassender sexter Sinn mit der Umwelt. Das, was ansonsten nur dem Sexus gelingt, nämlich Innenwelt und Außenwelt anzugleichen, geschieht von nun an überall.

Machen Sie heute Abend den Versuch: stellen Sie sich alle Erotik der Welt in Ihrer Gaia-Kugel vor, gleichzeitig aber erotisieren Sie auch Ihren Körper. Aus der Liebe lassen Sie ganz einfach reine Lust werden und dann baden Sie so lange wie möglich in diesem Lustgefühl. Spätestens jetzt wird Ihnen klar werden, warum wir das Spiel mit der Liebe von nun an wirklich selbst in die Hand nehmen sollten. In der Gaia-Kugel mit all ihren Möglichkeiten fühlen wir uns nicht nur hundertprozentig okay, hundertprozentig akzeptiert. Hier können wir sogar jene Erotik zurückerlangen, die uns eigentlich allen im Blut liegen sollte.

Falls Sie nämlich am sechsten Abend ein wenig mit einem möglichen sexten Sinn herumspielen, kommen Sie schnell auf eines der letzten großen Geheimnisse der Gaia-Energie: Eros spielt nicht nur mit Hilfe unsere Geschlechtsorgane sein munteres Spiel, er steckt überall dort dahinter, wo wir mit bester Gaia-Energie arbeiten. Vergleichen Sie das Gefühl in Ihren strahlenden Augen, sobald Sie sie mit Lichtenergie aufgeladen haben. Sie werden bemerken, dass es dasselbe ist, das wir sonst nur phantastischem Sex zuschreiben. Holen Sie sich aus der Gaia-Kugel Energie für Ihr Herz und Sie werden das Gefühl Liebe nennen!

Zum Schluss lassen Sie Licht und Energie in Ihr Gesichtsfeld einziehen und dieser Energie werden nur zu bald die besten Ideen folgen.

Die Skala der Lebendigkeit gleicht nicht ohne Grund jener berühmten Kundalini Energie, die als eine Art Antriebsenergie nacheinander die besten Empfindungen, Gefühle und Ideen schafft. Genau genommen ist jede wirklich lebendige Energie, ob wir nun okay, happy, genial oder alles zusammen sind, zutiefst erotisch und die Erotik ist gleichzeitig der Weg, um uns wieder ganz und heil zu machen. Üben Sie sich deswegen am sechsten Abend tatsächlich so lange und hingebungsvoll wie möglich in die Erotik ein. Speichern Sie sie im ganzen Körper ebenso wie in ihren Sinnen. Bevor Sie einschlafen, lassen Sie dieses Gefühl allerdings sanfter und ausgeglichener werden. Und mit diesem sanften Gefühl der Sättigung all unserer Sinne wachen Sie auch am nächsten Morgen auf.

7. Abend

Der siebte Abend soll Ihnen beweisen, dass die vergangene Woche tatsächlich eine vorzügliche Investition war. Jetzt sind Sie beinahe ein/e Meister/in in der Kunst des Liebens. Zur Bestätigung schwingen Sie sich wieder einmal in Ihre Gaia-Kugel ein. In Zukunft können Sie alle die Spiele, die Sie bis heute in ihr gespielt haben, nach Lust und Laune betreiben.

Heute erinnern Sie sich nur daran, wie Sufi-Heilige mit der berühmten Baraka umzugehen pflegen. Sie laden die Umwelt mit Ihrer Energie auf, um diese irgendwann doppelt und mehrfach zurückzubekommen. Genau dies haben Sie bis heute eher unbewusst mit Ihrer Gaia-Kugel gemacht. Von nun an aber intensivieren Sie dieses Spiel: Stellen Sie sich vor, Sie würden die Sphäre aus Licht rund um Sie mit Liebe, Eros und Lust füttern. Dann lassen Sie diese Energie zu sich zurückfließen und in Ihrem Körper verströmen. Sobald Sie die Energie gespeichert haben, spielen Sie dieses Spiel möglichst genussvoll weiter: Sie schenken Liebe und bekommen Liebe und Lust zurück! Genauso als würden Sie Geld in ein zukunftsträchtiges Aktienpaket investieren.

Auf diese einfache Art und Weise beschaffen Sie sich auch in Zukunft Gaia-Energie in ihrer höchsten Form. Sie energetisieren sich und heilen damit jene Wunde der Leidenschaft, die uns alle daran hindert, so liebevoll und rundherum selbstsicher zu sein, wie die Natur dies für uns vorhergesehen hat.

DER MENSCH ALS GEHIRN DER ERDE

Normalerweise leben wir alle viel zu viel in der Vergangenheit. Wir jammern über das, was nicht sein durfte und erwarten uns von der Zukunft Dinge, mit denen wir als Kind das Loch auf der Skala der Lebendigkeit ausfüllen wollten. Dass wir uns dazwischen, hier und jetzt, die besten Energien besorgen könnten, darauf kommen die wenigsten Menschen.

Dabei werden gute Nahrung, tolle Gefühle und außerordentliche Gedanken in dem Augenblick zum Kinderspiel, in dem wir begreifen, wie phantastisch sich die Gaia-Energie das Leben auf diesem Planeten ausgedacht hat.

Sobald wir dann auch wirklich mit diesem Leben zusammenarbeiten, steigen wir auf der Skala der Lebendigkeit automatisch höher und höher. Dabei entdecken wir etwas recht Eigenartiges: wir finden heraus, dass an dem ganzen Dilemma eigentlich niemand so richtig schuld ist. Eltern, Verwandte und Lehrer wollen zumeist das Beste für Kinder.

Und sogar Moses ließ einen strengen Wüstengott strenge Regeln zum Wohle seines Stammes verkünden.

Woraufhin sich die Frage stellt, ob der Hinauswurf aus dem Paradies der harmonischen Einheit mit der Natur bis heute nicht sogar notwendig war? Ob sich die Logik vor Empfindungen und Gefühlen so lange schützen musste, bis der Mensch auch wirklich "bewusst" denken konnte?

Und ob vielleicht erst heute, in einer Zeit höherer Energien, die gelungene Verbindung von Empfindungen, Gefühlen und Gedanken möglich ist?

Wie auch immer: Sobald wir fähig sind, den Knick in der Evolution zu bereinigen und alle unsere Energien zu nützen, werden wir tatsächlich zu anderen Menschen: Zu Zeugen unserer selbst, die sich ihr eigenes und gewolltes Schicksal schaffen können.

Nicht ohne Grund verweist auch James Lovelock darauf, dass wir eine Gesamtschau benötigen, wenn wir wissen wollen, wie Gaia zu kurieren wäre.

Und genau eine solche Art von Vogelperspektive haben wir uns ja seit geraumer Zeit zu Eigen gemacht.

Wir haben gesehen wie die Evolution des menschlichen Bewusstseins parallel mit der Evolution der Erde verlief.

Wir haben begriffen, warum ein uraltes "die-Erde-ist-schlecht-Programm" die Beziehung zwischen Gaia und ihren Kindern stört. Vor allem jedoch zeigt uns das Zeitalter des Wassermanns, dass uns neue Energien in ungeahntem Ausmaß zur Verfügung stehen.

Wir sind also tatsächlich die erste Generation von Menschen, die nicht unhinterfragt die Vergangenheit weiterleben muss. Wir haben die Möglichkeit von heute auf morgen etwas völlig anderes zu tun!

Je mehr wir dabei uns und die Erde unter die Lupe nehmen, umso deutlicher wird auch, dass die Menschheit nicht nur als eine Art Krebs der Erde ihrem Ende entgegen wuchern muss.

Wir können endlich zu dem werden, was unsere planetarische Bestimmung ist: zum Gehirn dieses Planeten.

Dazu müssen wir uns nur klar machen, dass Evolution immer aus einer Krise entstand! Schon vor rund einer Milliarde Jahren kam es etwa zum ersten großen Ernährungskollaps: Ab einer bestimmten Größe konnten die Zellen nicht mehr genug Nahrung aufnehmen. Die Antwort von Gaia darauf war, dass die einzelnen Zellen nicht mehr größer wurden sondern sich zu den ersten

Zellklumpen zusammenschlossen. Ihnen folgten bald Schwämme und Quallen. Lange zuvor muss es jedoch schon eine Katastrophe größeren Ausmaßes gegeben haben. Die ersten einfachen Zellen, nämlich die Bakterien, erzeugten Sauerstoff anstatt ihn einzuatmen.

Zum Glück für die damaligen Organismen, für die Oxygen giftig war und die zudem von der ultravioletten Strahlung zerstört wurden, verband sich der Sauerstoff zur Ozonschicht und begann so die Erde und das ganze System zu schützen.

Heute hoffen alle jene, die die Gefährlichkeit aber auch die Chance der Lage erkennen, auf einen ähnlichen Evolutionssprung. Als Gehirn der Erde könnte der Mensch nämlich tatsächlich über den Abgrund hinweg springen und dem Planeten in Notsituationen helfen.

Lovelock etwa meint, dass menschliche Intelligenz bewusst Umweltveränderungen voraus sehen und Gefahren entgegen wirken kann. Darüber hinaus aber betont er immer wieder, dass es die Handlungen von einzelnen sind, aus denen sich starke regionale und globale Systeme entwickeln.

Tatsächlich lehrt uns Gaia heute mehr als alles andere, dass wir vor allem auch als Individuum sofort handeln müssen. Bei vielen kleinen alltäglichen Entscheidungen aber auch bei völlig neuen Gedanken!

"*Macht euch die Erde untertan!*" hieß es die letzten zweitausend Jahre. Heute stehen wir vor einem Trümmerhaufen. Die Erde ist kaputt und unser Körper als Tempel der Seele erleidet vielfach ähnliche Qualen wie der Planet. Was bedeutet, dass wir schleunigst ein neues Manifest für uns und die Erde brauchen. Das Losungswort dabei kann nur heißen: "*Zusammenarbeit mit Gaia und den Gaia-vibes!*"

Kapitel 18

MORPHOGENETISCHE FELDER LASSEN DIE GEISTER WIEDER LEBENDIG WERDEN

Es geht ja längst nicht mehr nur darum, für die Erde zu denken - wir müssen endlich mit ihr zusammendenken! Denn gerade Gedankenformen sind es, die uns mehr mit der Erde verbinden, als wir annehmen.

So fragt sich die System-Theorie seit Jahrzehnten, welche Energie wir an den Kosmos abliefern. Ob es vielleicht rund um die Erde ein riesiges Gedankenfeld gibt? Eine ähnliche Vorstellung kam ebenfalls schon vor Jahren von dem Biochemiker Rupert Sheldrake, der alles Lebendige von unsichtbaren formgehenden Feldern, sogenannten morphogenetischen Energien gesteuert sah. Eine Idee, die sofort einleuchtet, wenn man daran denkt, dass sogar ein so hochkompliziertes Geschöpf wie der Mensch aus einer einzelnen Zelle entsteht.

Zwar enthält jede Keimzelle ein charakteristisches DNA. Trotzdem bleibt die Frage trotz intensiver Forschungen und neuester Erkenntnisse über die Funktion von Botenstoffen und Nukleinsäuren nach wie vor ungelöst, was der einzelnen Zelle wirklich sagt, wie sie sich entwickeln soll.

Wer oder was flüstert einer Gemeinschaft von Menschen zu, ob sie fortschrittlicher oder weniger fortschrittlich denkt? Wer bestimmt, welche Blüten eine Pflanze entwickelt. Wer entscheidet ob eine Tierrasse Raubtierzähne benötigt oder mit normalen Zähnen auskommt?

Ebenso wie die Gaia-These sorgte die Theorie der morphogenetischen Felder für Aufregung in der Wissenschaft. Von ihnen als dem Geist eines Ortes zu sprechen war ebenso modern wie höchst esoterisch. Man befürchtete, dass sich die Tore für Aberglauben und Okkultismus öffnen würden.

Andererseits bieten gerade solche Gedankenfelder Hoffnung für viele unserer Probleme. Sheldrake bewies nämlich, dass ein Verhalten, das lange genug wiederholt wird, über das morphogenetische Feld ansteckend auf eine ganze Spezies wirkt. Bei Versuchen mit Laborratten waren Fähigkeiten, die im Labor antrainiert wurden, plötzlich auch bei wilden Ratten vorhanden.

Sobald bei Experimenten mit Kristallen eine ganz besondere Kristallisation gelang, glückte diese auch rund um den Erdball. Ähnliches bewiesen aber auch die Menschen. Kaum erlernte ein kleiner Kreis das Enträtseln von versteckten Bildern, gelang dies auch immer größer werdenden Gruppen. Das Geheimnis dahinter ist ebenso kompliziert wie simpel: morphogenetischen Felder funktionieren als eine Art von Datenbank, die den Namen "Ratte", "Kristall" oder "Menschenhirn" trägt. Die Information dieser Wissensspeicher wird durch Resonanz übertragen. Wobei sich jede Spezies genau auf ihren "Geist" und auf die passende Information aus ihrem Energiefeld einschwingt.

Darum verwundert es auch nicht, dass morphogenetische Felder an eine uralte esoterische Vorstellung anknüpfen. In der berühmten Akasha-Chronik soll all das gespeichert sein, was Menschen einstmals fühlten und dachten.

Eine solche Gedanken-und Seelen-Aura, ein morphisches Feld rund um Gaia kann aber auch erklären, warum sich der Planet so phantastisch selbst reguliert.

Zudem ist es jener Geist, der mit anderen Planeten kommuniziert, Energien aus dem Kosmos speichert und unsere Energien in das Weltall weiterleitet.

Vor allem jedoch treibt eine solche Art geistige Datenbank, der ein Gedächtnis innewohnt, die Evolution auf diesem Planeten voran.

Sie ist es vielleicht, die uns heute auf die bislang unbekannte Wunde aufmerksam machen will, die immer wieder aus dem Zusammenprall zwischen Natur und Kultur entsteht. Auf eine Wunde, die geheilt werden muss, bevor wir endlich verstehen, was jenes "*Leben pur*" bedeutet, dass in diesem neuen Jahrtausend für uns vorgesehen ist.

Am aufregendsten sind zweifellos die Schlussfolgerungen für uns selbst!

Im Klartext bedeutet ein solches, sogar von der Wissenschaft angenommenes Gedankenfeld, dass jede kleinste unserer Handlung für die ganze Menschheit wichtig ist! Jeder Schritt vorwärts auf der Skala der Lebendigkeit bringt nicht nur uns und "Gaia" höhere und bessere Energien - er ist auch ein Fortschritt im kollektiven Gedächtnis der Menschheit. Jede Weigerung, Unlebendiges zu tun, ist die Weigerung in eine unnatürliche und längst nicht mehr notwendige Vergangenheit zurückzufallen!

DIE RÜCKKEHR DES MYSTERIUMS

Die Gaia-These und die Theorie der morphogenetischen Felder geben uns aber nicht nur die Verantwortung für das Leben wieder zurück, sie lassen auch das Mysterium zurückkehren.

Sobald wir begreifen, dass jeder Mensch, jede Pflanze, jedes Tier und vor allem auch die Erde selbst ihre ganz besonderen *vibes*, ihre speziellen energetischen Schwingungen hat, gehen wir mit diesen Energien auch sorgsamer um. Wir pilgern wieder zu Orten, die uns heil und ganz machen und stürzen uns nicht in krank machenden Massentourismus. Wir schützen die Heiligen Stätten dieses Planeten. Wir glauben daran, dass Krankheiten geheilt werden können, wenn unser Energiefeld gestärkt wird. Wir legen Wert auf die Materialien in denen unsere Häuser gebaut werden. Vor allem wissen wir, dass wir für unseren ganz speziellen Magnetismus die besten Energien brauchen.

Sogar die längst verloren geglaubten Feen und Geister unserer Kindheit kommen zurück! So gibt es in der klassischen Mythologie die Einteilung in Wassergeister, Baum- und Waldgeister, in die Geister von Flüssen, Bergen und Meeren. Stellt man sich die geheimnisvollen Begleiter alter Kulturen mit heutigen Augen vor, so sind sie morphische Felder, also sich selbst organisierende Energie-Systeme verschiedener Komplexheitsgrade.

In früheren Jahren erspürten solch einen Geist eines Ortes nur ganz besonders begabte Menschen, große Seher, Erleuchtete oder Mystiker. Moderne Umfragen ergeben jedoch, dass wir eigentlich alle Visionäre sein könnten. Ein Drittel der Bevölkerung bezeugt, zumindest in der Jugend unerklärliche Erscheinungen gehabt zu haben. Sie brauchen nur Ihr inneres Kind zu bitten, Sie in jene Zeit zurück zu begleiten, in der die Natur tatsächlich Mutter für Sie war. Riechen Sie den Geruch Ihres Lieblingsplatzes, stellen Sie sich die Pflanzen vor. Vor allem jedoch das, was Sie dabei spürten, ihnen aber nicht geglaubt wurde.

Genau dieses Gefühl müssen wir heute auf bewusste Weise wiedergewinnen! Morphogenetische Felder sind in der Theorie eine wunderschöne Sache. Aber nichts tut uns und unserer Verbindung zu Gaia besser, als wenn wir hinaus in die Natur gehen und die Schwingungen des Planeten neu erleben. Nur auf diese Art werden wir wirklich erwachsen und öffnen endlich die Augen für den Zauber dieser Welt!

EVOLUTIONS-SPIELE

Wir sind alles!

Dieses letzte Imaginationsspiel in Sachen Evolution wird das kürzeste sein. Es kann aber auch zum längsten werden, wenn man es im Leben weiterspielt.

Schließen Sie zum letzten Mal in diesem Buch die Augen. Schwingen Sie sich auf die Gaia-Kugel in Ihrem Zentrum ein, genießen Sie deren Atmen und dann lassen Sie sie größer werden. Tun Sie dies genussvoll und im Zeitlupentempo -solange bis Sie völlig von Energie umgeben sind.

Dann wiegen Sie sich in diesem Ball aus liebevoller Energie leicht hin-und her und während Sie diesmal auf eine sehr bewusste Reise in die Vergangenheit gehen, summen Sie leise vor sich hin. Gleichzeitig lassen Sie alle Bilder der Evolution wie einen Film vor sich ablaufen: die feurige junge Erde - den ersten Fisch - eines der ersten Amphibien - ein Krokodil - ein Säugetier - Affen - Urmenschen - die ersten Jäger und die ersten Bäuerinnen - alte Priesterinnen und Priester. Zum Schluss den Baum, der die Entwicklung der Wissenschaften erlebte....

Langsam und mit amüsierten Augen machen Sie noch einmal einen Spaziergang durch die Evolution des Lebens auf dieser Erde. Versuchen Sie sich dabei noch einmal so intensiv wie möglich in alle die verschiedenen Lebensformen hineinzufühlen. Spüren Sie das Lebensgefühl jeder Zeit und vielleicht sogar deren Lebendigkeit!

In der modernen Welt angekommen, steigen Sie die Stufen dann auf ganz andere Art und Weise wieder hinab: wiegen Sie sich weiter ein wenig hin und her und summen Sie möglichst monoton vor sich hin, gleichzeitig gehen Sie Ihr persönliches Leben zurück. Zuerst Ihr Leben als Erwachsener, dann kehren Sie in die Jugend zurück. Werden Sie die/der Achtzehnjährige/r, die/der bereit ist, die Welt zu erobern - ausgeflippte Siebzehn - verwirrte Zwölf an der Schwelle zur Pubertät - neugierige Zehn - abenteuerlustige Acht - verspielte Fünf - ununterbrochen "warum"-fragende Drei - ein krabbelndes Baby - zuletzt ein Fötus im Mutterleib.

Mit Phantasie und Spaß sind Sie jetzt jenen Weg zu Mutter Natur zurückgegangen, auf dem wir uns zuerst im Spiel mit der geistigen Evolution von Gaia entfernt haben.

Alle diese Entwicklungsstufen sind in unserem Gehirn ebenso einprogrammiert wie sie von einem morphogenetischen Feld vorherbestimmt sind.

Gerade solch ein Gedankenfeld, in das jeder Mensch seine ganz persönliche Geschichte hineinschreibt, beweist uns aber eines: wir können all das sein - und noch sehr, sehr viel mehr!

In der menschlichen Geschichte gibt es nicht nur Jäger und Bäuerinnen, Priester und Priesterinnen, nicht nur die moderne Wissenschaft.

Es gibt auch jene Genies, Wunderheiler oder Heilige, die weit über den Durchschnitt haben eines gemeinsam: sie verstehen das Wirken der Natur und schauen ihr geniales Wirken ganz einfach ab.

ohne Grund gilt die Zusammenarbeit mit der Erde seit Jahrtausenden als das größte und gleichzeitig simpelste Mysterium, das es zu lösen gilt. Heute haben wir das Wissen und die Möglichkeiten es ihnen nach zu machen.

Sie müssen nur die Augen schließen und in Ihrer Imagination den Pfad der Evolution noch ein wenig fortsetzen. Inzwischen endete er mit einem Baum-Leben, das nicht nur alte Zeiten kannte, sondern auch die Anfänge der modernen Wissenschaft mitverfolgte.

Nun stellen Sie sich vor, was wir alles schaffen können, wenn wir uns die darauf folgenden Jugendsünden der Wissenschaft eingestehen und endlich mit Gaia zusammenarbeiten.

Malen Sie ganz einfach die tollste Vision für sich und die Erde auf Ihr gedankliches Firmament. Stellen Sie sich zuerst einmal vor, wie Sie persönlich alle Ihre Möglichkeiten, alle Ihre Energien auf die natürlichste, einfachste und angenehmste Art und Weise verwirklichen könnten.

Dann fertigen Sie ein optimales Bild für den Planeten an!

Wie könnte er aussehen, wenn wir unsere tollsten Erfindungen mit ihm zusammen machen würden? Lassen Sie sich dabei die besten Ideen einfallen! Wie uns seine Energien vortrefflich ernähren würden; wie Gaia für unser Wohlbefinden, unsere Sicherheit und eine Menge Spaß sorgen könnte - und gleichzeitig dank natürlichem Fortschritt selbst immer gesünder und energetischer würde.

Tun Sie dies solange und so phantasievoll wie möglich.

Vor allem beobachten Sie dabei, wie allein schon der Gedanke an eine glückliche, rundherum natürliche und heile Welt Ihrem Körper gut tut, Sie entspannt und Ihnen neue Energien gibt!

Falls es Ihnen gelingt, dieses Gefühl hundertprozentigen Lebens, hundertprozentiger Kreativität und hundertprozentiger Gesundheit längere Zeit zu speichern, dann denken Sie auch in Zukunft daran, wie wirksam Gedankenfelder sein können .

LEBE DAS LEBEN!

Falls Sie vor ein paar Wochen jemand gefragt hätte, ob Sie Ihr Leben auch wirklich leben, hätten Sie ihn wahrscheinlich für verrückt gehalten. Schließlich lebt jeder sein Leben. Die einen ein wenig besser, die anderen ein wenig schlechter. Dass Leben aber sehr viel mehr sein kann als Überleben, beweist uns am Schluss dieses Buches die siebte Regel der Gaia-Energie, die schlicht, einfach und tatsächlich ein wenig verrückt von uns fordert: "Lebe das Leben!"

So paradox nämlich diese Aufforderung auf den ersten Blick klingt, so nachvollziehbar wird sie, wenn wir wirkliches Leben in unsere Augen und Ohren, in Nase, Mund und Tastsinn einziehen lassen. Wenn wir Lust und Liebe in unseren Adern fühlen und uns unser Körper zu verstehen gibt, dass das Leben tatsächlich gelebt werden will.

Dann werden Wörter lebendig!

Dann empfinden und fühlen wir, was gemeint ist!

Leben ist nicht mehr länger jenes Mit-dem-Strom-Schwimmen auf oder unter der Null der Lebendigkeits-Skala, das wir bis vor kurzem noch ziemlich gedankenlos betrieben haben. Leben ergießt sich dann in jene Fähigkeiten über der Null, die die Natur und ein immerfort tanzendes Universum uns als Gaben mitgegeben haben: Offenheit, Natürlichkeit, Freude, Spaß und Kreativität.

Vor etlichen Kapiteln haben wir aber auch das englische Wort für Leben "*live*" umgedreht und sind dabei auf das Wort "*evil*", das Üble, Schlechte gestoßen. Dieses Umkehrspiel hat vielleicht am trefflichsten gezeigt, dass das Üble eigentlich "nur" das Unlebendige ist. Tatsächlich scheint das sogenannte "Böse" in dem Augenblick ausgespielt zu haben, in dem man erkennt, dass an sich neutrale Energiepotentiale erst dann lebensfeindlich werden, wenn den vorgegebenen Evolutionsmustern hineingepfuscht wird. Wie schnell sich dies jedoch ändern kann, hat uns das lebendige Muster- auf Muster-Zeichnen der Natur bewiesen. Lebendigkeit zieht Lebendigkeit an, verkündete nicht umsonst die erste Regel der Gaia-Energie. Heute schließt sie sich mit der siebten zu einem Kreis, der uns ganz und heil machen kann.

Wenn Sie von nun an aus Spaß an dem Spiel mit Ihrem Unterbewusstsein Ihr inneres Kind rufen, ist es nicht mehr länger verletzt und ängstlich. Es hat jenes Glitzern in den Augen, das darum weiß, dass alles möglich ist sobald wir mit dem Geist des Lebens verbunden sind.

Allerdings hat auch das lebendigste innere Kind ein doppeltes Gesicht. Bekannter weise pflegt es mit Vorliebe in die Vergangenheit zu blicken, seinen Typ zu kultivieren und die Hoffnungen dieses Typs an die Wand zu malen.

Dabei schwankt es zwischen Hoffnung und Widerstand, zwischen dem Wunsch lebendig zu sein und dem Wunsch, sich an der Welt zu rächen. Erst wenn wir diese Doppelgesichtigkeit von uns allen durchschauen, können wir aus unbewussten Hoffnungen auch tatkräftige Visionen schaffen und sie Schritt für Schritt erfüllen.

Der Schlüssel dazu ist unsere Intention, das Leben auch wirklich zu leben! Intention bedeutet nämlich nicht das übliche diffuse Wünschen und Sehnen, es ist die bewusste Absicht, das Leben tatsächlich auf Lebendigkeit auszurichten Mit solch einer Intention im Hinterkopf müssen wir uns bei jeder Entscheidung fragen, was aus ihr wird. Ob sie mehr oder weniger Leben schafft? Welche Folgen sie für unsere Lebendigkeit und die von Gaia hat. Die Devise dabei heißt: "*hold the vision!*", halte dir die

Vision der Zukunft ununterbrochen vor Augen - erst dann wird sie sich auch materialisieren. Nur wenn wir die ungeheure Kraft unserer Erwartungen nützen, können wir auch überall die Energien steigern. Insgeheim wissen wir ja alle, dass neunzig Prozent der Dinge, denen wir ununterbrochen nachlaufen, blödsinniger Überfluss sind.

Wir wissen aber auch, dass die zehn Prozent an wirklich gutem Leben, die übrig bleiben, nicht nur Vision bleiben dürfen, sondern neu überdacht, neu organisiert und vor allem geschätzt und gepflegt werden müssen.

Denn bis heute plündern wir nur!

Wir plündern unseren Körper aus, indem wir zu viel von ihm verlangen und nie daran denken, ihn auch zu schützen; wir plündern unsere Gefühle, indem wir echte gar nicht zulassen. Und wir plündern die Möglichkeiten unseres Gehirns, weil wir ununterbrochen einseitig denken.

Sogar die Fähigkeit zu lieben, plündern wir schonungslos aus, indem wir uns entweder an die Liebe klammern oder sie schlicht und einfach durch Gier ersetzen.

Trotzdem tut sich etwas. Die meisten Menschen ahnen sehr wohl, was die Konsumgesellschaft ihnen genommen hat und dass der neue Reichtum der Zukunft anders aussehen wird. Die Vorstellungen von gesunder Nahrung, von einer alternativen Vorsorge für unsere Gesundheit sind heute nur der Anfang.

Vor uns liegt noch eine lange Strecke, aber ein neues Gaia-Bewusstsein beginnt überall zu wachsen.

Wir brauchen natürlichere Städte und eine gesündere Art zu bauen, völlig andere Versorgungs-und Transportsysteme, sanftere Möglichkeiten der Energiegewinnung, alternative Technologien, moderne Landschaftspfleger und Ärzte für Gaia - vor allem aber ein völlig neues Bildungssystem.

Denn eine Kultur, die sich endlich auf das Leben konzentriert, muss dieses vor allem ihren Kindern beibringen. Auch dazu ist es höchst an der Zeit! Die Kinder des neuen Jahrtausends haben mehr Energie als alle Kinder zuvor. Zumeist begegnen wir dieser Kraft aber nur in negativen Aspekten. Wenn wir die ursprüngliche Lebendigkeit jedoch nicht weiterhin fehlleiten, haben die *kids* endlich die Chance zu jenen Genies zu werden, die Gaia mehr als alles andere benötigt.

Ökotopia, die Utopie von einer heilen Welt braucht also vorerst einmal die Utopie von einem neuen Menschen. Und diese Utopie ist immerhin schon eine realistische Möglichkeit. Noch immer nicht ganz Wirklichkeit geworden, spukt die Vision von einer neuen Erde und neuen Erdlingen bereits in unseren Köpfen, in unseren Gefühlen und unserem Körper.

Diese stille Revolution geschieht jedoch bis heute auf eine sehr unterschiedliche und individuelle Art und Weise. Die einen stoßen über gesündere Ernährung zur neuen Einfachheit.

Andere wiederum über Psychotechniken, oder über die Liebe zu den Tieren. Wiederum andere über Religionen oder auch über die schlichte Sattheit am Überfluss.

Darum kann es auch in Sachen Gaia-Energie keine festen Vorschriften oder Gesetze geben. Wir müssen zuerst lernen, all das wiederzubeleben, was in uns brach liegt. Erst dann können wir beginnen, auf jene Regeln zu schauen, die uns den Pfad ins Land der Lebendigkeit weisen.

Erst auf diesem Pfad begreifen wir nämlich, warum nur Lebendigkeit Lebendigkeit anziehen kann.

Und wir verstehen dann auch, warum wir ununterbrochen fremde Energien stehlen. Lernen wir dann, selbst die besten Energien zu speichern, so werden uns auch die dritte und die vierte Regel des Weglassen von Überflüssigen und des Zulassens von Gaia-Energie klar. Schaffen wir dann noch die Weigerung,

Unlebendiges zu tun, steigen wir auf der Skala der Lebendigkeit höher und höher.

Und jenes Paradoxon des "Weniger ist Mehr", das unweigerlich zur letzten und alles umfassenden Regel des " Lebe das Leben!" führt, wird zur unbestreitbaren Wirklichkeit.

Die Reise ins Land der Lebendigkeit hat sich also ausgezahlt.

Sie hat uns mit den Energien dieser Erde und den Energien des Kosmos bekannt gemacht, hat uns gezeigt, dass wir alle nicht nur Erdlinge, sondern Bürger dieser Galaxie und des ganzen Universums sind. Sie hat uns unsere Rolle als Mitschöpfer der Sterne enthüllt und uns bewiesen, dass wir genießend den Kosmos um einiges besser ernähren als immer nur jammernd.

Gleiches müssen wir jedoch auch für uns tun! Gerade die Gaia-Energie fordert uns ja jeden Tag dazu auf, ein wenig fröhlicher, liebevoller, intelligenter und genialer zu werden.

Wir sind also gar nicht so machtlos, wie wir manchmal glauben! Wir können unseren eigenen Magnetismus in ungeahntem Ausmaß steigern. Wir können das Gedankenfeld der Erde stabilisieren. Und wir können dadurch sogar mit dem Kosmos kommunizieren.

Alle diese Dinge aber beginnen hier und jetzt und mit unserer ganz persönlichen Form von Lebendigkeit!

Wer dies einmal verstanden hat, wer weiß, dass Leben Licht und Energie und nicht Schatten und Chaos bedeutet, wird dies nie mehr vergessen!

Darum: lasst uns endlich das Leben leben!

Zeitfracht Medien GmbH
Ferdinand-Jühlke-Straße 7
99095 Erfurt, Deutschland
produktsicherheit@kolibri360.de